Alexandra Christina Bauer

Intuition

Das Geheimnis von Bauchgefühl und innerer Stimme

Schirner
Verlag

Liebe Leserin, lieber Leser, dieses Buch ist in der Du-Form geschrieben, weil es Übungen enthält, die dabei unterstützen möchten, die eigene Wahrnehmung zu schulen und ganz persönliche Rituale entstehen zu lassen. Die Du-Form stärkt das Bewusstsein, dass Autorin und Leser sich auf Augenhöhe begegnen können.

Dieses Buch enthält Verweise zu Webseiten, auf deren Inhalte der Verlag keinen Einfluss hat. Für diese Inhalte wird seitens des Verlages keine Gewähr übernommen. Für die Inhalte der verlinkten Seiten ist stets der jeweilige Anbieter oder Betreiber der Seiten verantwortlich.

ISBN 978-3-8434-5176-5

Alexandra Christina Bauer:
Intuition
Das Geheimnis von
Bauchgefühl und innerer Stimme
© 2019 Schirner Verlag,
Darmstadt

Umschlag: Anke Müller, Schirner, unter Verwendung von Bildern von www.shutterstock.com, siehe Bildnachweis
Layout: Anke Müller, Schirner
Lektorat: Elke Truckses, Schirner
Printed by: Ren Medien GmbH, Germany

www.schirner.com

1. Auflage März 2019

Inhalt

Vorwort

Wir alle sind auf der Suche nach dem Sinn – dem Sinn des Lebens, dem Sinn unseres Daseins.

Oftmals haben wir das Gefühl, wir verlieren uns immer mehr in Nichtigkeiten. Unsere blinden Flecke werden immer größer. Was ist unsere Mission? Wozu sind wir hier? Was soll das Ganze? Fragen, die nicht nur zu Unzufriedenheit, sondern auch zu Verzweiflung und sogar zu Depressionen führen können. So weit muss es jedoch nicht kommen. Es gibt Möglichkeiten, wie du dich dem großen Ganzen öffnen und dich dem Mysterium »Leben« hingeben kannst. Ich möchte dir mit diesem Buch eine Art Leitfaden mitgeben, der es dir ermöglichen wird, deiner Vision näher zu kommen und wieder zu vertrauen. Denn nur, wenn wir vertrauen, ist uns ein Leben voller Hingabe und Zufriedenheit möglich.

Ich war lange Zeit auch auf der Suche, und ich bin es immer noch. Unser ganzes Leben ist eine Suche, und das Schöne daran ist: So hören wir nie auf, uns an dem Zauber des Lebens zu erfreuen. Mittlerweile habe ich das starke Gefühl, zu wissen, warum ich hier bin, und arbeite jeden Tag ein Stückchen mehr auf die Verwirklichung meiner großen Vision hin. Das gibt mir ein Gefühl von Vertrauen und Selbstbestimmtheit. Ich weiß, alles in meinem Leben passiert, um mich wachsen zu lassen. Auch wenn ich manchmal – auf eine liebevolle Art – in eine andere Richtung geschubst werde und der Sinn oftmals in der Situation selbst nicht ganz klar ist.

Wenn du allerdings deiner Intuition folgst, kannst du leichter mit stürmischen Zeiten umgehen und deinen Frieden finden.

In diesem Buch findest du eine Schritt-für-Schritt-Anleitung, wie du dich langfristig mit deiner Intuition verbindest und ihr wieder zu vertrauen lernst.

Ich wünsche dir viel Freude dabei und freue mich, diese Zeilen mit dir zu teilen.

Wenn es richtig aussieht,
sich aber falsch anfühlt,
ist es Angst.
Wenn es falsch aussieht,
sich aber richtig anfühlt,
ist es Intuition.

WAS IST
Intuition?

Wir alle besitzen eine Intuition, einen sechsten Sinn, eine innere Stimme. Als Kinder hören wir sie noch gut, jedoch kann es sein, dass sie in einer schnelllebigen und erfolgsorientierten Gesellschaft wie der unseren immer mehr verstummt.

Unsere Intuition lässt uns spüren, was uns guttut. Sie drückt sich durch unseren Körper oder unser Wohlbefinden aus. Sind wir voller Freude, tun wir etwas, was unserem Kern entspricht. Wir folgen also unserer Essenz, unserer inneren Wahrheit. Fühlen wir uns unbehaglich und haben ein Grummeln im Bauch, machen wir etwas, was nicht unserem Wesen entspricht. Unsere Intuition meldet sich also in Form von Bauchgrummeln und macht uns deutlich: »Hier stimmt etwas nicht!«

Oftmals setzen wir uns über unseren sechsten Sinn, über uns selbst hinweg und leben in Umständen, die unserem Naturell widersprechen. Das führt schlimmstenfalls zu einem Burn-out, zu Depressionen oder anderen psychischen oder psychosomatischen Krankheiten.

Wieder unserem Herzen zu folgen und zu vertrauen, funktioniert nicht von heute auf morgen. Ich kann von mir behaupten, dass ich schon ziemlich früh gelernt habe, zu funktionieren, und mich um andere Dinge kümmern musste als um meine Intuition.

Weil meine Mama alleinerziehend und berufstätig war, wurde ich ab Mittag von einer anderen Familie aufgenommen. Die Kinder dort, ein Geschwisterpärchen in meinem Alter, begannen schnell damit, mich im Keller oder auf dem Dachboden einzusperren und zu quälen. Als ich endlich Mut gefasst hatte, meiner Mama davon zu erzählen, stand fest, dass ich von da an nach der Schule allein zu Hause sein würde. Ich war gerade mal in der ersten Klasse.

Schnell habe ich gelernt, auf mich selbst aufzupassen. Habe ich mir meine Knie aufgeschürft, was ziemlich oft vorkam – ich war ein wilder Rowdy –, sprühte ich mir Wundspray darauf, ohne das Gesicht zu verziehen. Meine Hausaufgaben erledigte ich selbstständig, ohne dass meine Mama es prüfen musste. Die Wohnung räumte ich stets auf, um meiner Mama nicht noch mehr Mühe zu machen. Ich habe funktioniert und dadurch meine Bedürfnisse nicht mehr gehört. Ich habe einen Perfektionismus entwickelt, der weit über der Grenze der Normalität lag. So kam es, dass ich mit Mitte zwanzig kurz vor einem Burn-out stand. Ich musste auf die harte Tour lernen, dass ich wieder auf mich selbst hören und auf meine Bedürfnisse achten muss.

Danach war ich oft und lange auf Reisen, und ich habe in dieser Zeit viel über Achtsamkeit und Meditation erfahren. Ich habe gelernt, wieder auf meine innere Stimme zu hören und ihr zu vertrauen.

Deshalb ist es mir ein großes Anliegen, auch dir zu zeigen, wie du dich wieder mit deiner Intuition verbinden kannst. Denn es ist ein unglaublich kraftvolles Gefühl, im Flow zu sein und sich wahrhaftig zu spüren.

Intuition kann man »erlernen«, und auch, sie Schritt für Schritt in den Alltag zu integrieren. Je mehr wir unserer Intuition folgen, desto stärker und klarer wird sie. Je öfter du auf deine Intuition hörst, desto mehr kommst du wieder ins Vertrauen, und die Zweifel, die dein Verstand kreiert, werden kleiner und leiser.

Oftmals wird gesagt, dass bei Entscheidungen, die positive Folgen hatten, gut auf die eigene Intuition gehört wurde und dass dies nicht der Fall sei, wenn die Folgen negativ waren. Intuition kann aber nicht in Gut oder Schlecht eingeteilt werden.

Wichtig ist, dass du deiner Intuition vertraust und deine Entscheidungen und dein Leben, das du intuitiv führst, akzeptierst. So, wie sie sind. Ich sage nicht, dass das immer einfach ist. Es ist eine tägliche Challenge.

Denke einmal zurück an die letzte Pro-und-Kontra-Liste, die du erstellt hast. Stelle dir danach eine Situation vor, in der du aus dem Bauch heraus entschieden hast. Was war für dich stimmiger und zufriedenstellender?

Bist du bereit, dich mit deiner Essenz zu verbinden?

Vertraue dem nächsten Kapitel, denn du bist der Autor.

Schreibe auf,
WAS DICH BEWEGT

Abends lassen wir oftmals den Tag Revue passieren und denken über unsere momentane Situation nach. Stehen wir vor einer Entscheidung, grübeln wir lange hin und her und verlieren durch unendliche Überlegungen viel Energie.

Was wäre wenn? Treffe ich die richtige Entscheidung? Was wird passieren, wenn ich dieses oder jenes tue? Komme ich von meinem Weg ab?

Schreibe alles auf, was dir durch den Kopf geht. Das hilft dir dabei, dir darüber klar zu werden, was dich gerade bedrückt. Das Aufschreiben der Probleme nennt man auch »Externalisieren«, also das Problem aus dir herausbringen. Lege deine Aufzeichnungen zur Seite.

Wenn du durcheinander und durch den Wind sein solltest, empfehle ich dir, zu meditieren, bevor du schläfst. Achte zudem darauf, dass du eine kontinuierliche Schlafhygiene pflegst.

Schlafhygiene

► Versuche, immer zur selben Zeit ins Bett zu gehen.

► Lege dich, wenn möglich, vor 22 Uhr schlafen. Um diese Zeit beginnt der Körper wieder mit Tätigkeiten, die uns aufwühlen und aktiv halten können. »Verschlafen« wir diese Zeit, bemerken wir das jedoch nicht und haben einen erholsamen Schlaf. Schlafen wir erst nach 22 Uhr ein, wachen wir immer wieder auf und fühlen uns in der Früh nicht erholt.

► Treibe keinen anstrengenden, auspowernden Sport direkt vor dem Schlafengehen. Dieser bringt deinen Körper wieder auf Touren und hält dich wach. Am besten kannst du dich mit sanften Yogapose, wie Shavasana (Totenstellung) oder Setu Bandhasana (Schulterbrücke) aus dem Yin Yoga*, auf deinen Schlaf vorbereiten.

....

* Hierzu empfehle ich dir »Yin Yoga – Der sanfte Weg zur inneren Mitte« von Stefanie Arend (erschienen im Schirner Verlag).

- Lege dein Handy, Tablet oder deinen Laptop etwa eine Stunde vor dem Schlafengehen zur Seite. Das blaue Licht dieser Geräte lässt deinen Körper denken, es sei Tag und du müsstest nun wach sein. Das Einschlafen kann dir dadurch sehr schwerfallen.

- Versuche, alle elektrischen Geräte aus deinem Schlafzimmer zu entfernen, und schalte unumgängliche Geräte auf den Flugmodus, während du schläfst. Der Flugmodus schaltet alle Funkeinheiten aus, während die Gerätefunktion an sich erhalten bleibt.

- Schlafe auf der Seite, so kann sich dein Körper über Nacht besser reinigen und entschlacken. Diese Vorgänge werden blockiert, wenn du auf dem Bauch oder Rücken schläfst.[**]

- Je nachdem, wo du wohnst, und je nach Jahreszeit schlafe mit dem Mond, und wache mit der Sonne auf. Gehe also nach dem Sonnenuntergang schlafen, und stehe mit dem Sonnenaufgang wieder auf. Versuche, die Regel »vor 22 Uhr schlafen gehen« einzuhalten.

....

[**] Eine 2015 im »Journal of Neuroscience« veröffentlichte Studie an Nagetieren hat ergeben, dass eine seitliche Schlafposition das Gehirn am besten von Giftstoffen befreit.

Gedankendetox
VOR DEM SCHLAFENGEHEN

Unsere Schlafqualität macht einen großen Teil unseres Wohlbefindens aus. Eine gesunde Schlafhygiene, wie du sie bereits kennengelernt hast, ist die Basis für einen erholsamen Schlaf. Nun geht es darum, wie du dein Unterbewusstsein vor dem Schlafengehen entlasten kannst und dich in liebevolle Schwingungen versetzt. Das hilft dir dabei, dich von überflüssigem gedanklichen Ballast zu befreien und die Verbindung zwischen Herz und Verstand zu stärken.

Wenn uns eine Situation belastet oder wir vor einer schwierigen Entscheidung stehen, kreisen unsere Gedanken in der Zeit vor dem Einschlafen meist um unsere Probleme. Das stresst uns und führt dazu, dass wir schlecht und von eher negativen Gefühlen begleitet einschlafen.

Folgende Übung soll dir das Einschlafen erleichtern und dazu führen, dass du mit einem Wohlgefühl in den Schlaf startest. Dieses Gefühl wirst du auch am nächsten Tag gleich als Erstes beim Aufwachen haben.

Schaffe eine wohlige Einschlafatmosphäre

Wenn du dich in dein Bett legst, nimm alles ganz bewusst wahr. Kuschel dich so richtig in dein Bett, wälze dich entspannt auf deiner Matratze hin und her. Spüre die Matratze unter dir, wie sie dir Halt gibt, und die warme, weiche Bettdecke, die dich umhüllt.

Umgreife dein Kissen mit beiden Armen, und spüre auf deiner Haut, wie das Material die Härchen auf deinem Körper berührt.

Nimm die Wärme wahr, die dein Gesicht berührt.

Fühle die Sicherheit, die du dir in deinen vier Wänden geschaffen hast, und sauge das Gefühl von Wärme und Geborgensein ganz in dir auf.

Liebe als meditativer Zustand

Denke nun an alle Menschen, die dir etwas bedeuten, vor allem an diejenigen, die du aufrecht und von ganzem Herzen liebst. Stelle sie dir ganz genau vor. Lächle ihnen in Gedanken zu, und schaue ihnen direkt und tief in die Augen. Spüre die intensive Verbindung zwischen dir und deinen Lieben.

Vielleicht denkst du gerade auch an eine Person, der es momentan nicht so gut geht. Schicke dieser Person liebevolle Gedanken. Stelle dir vor, wie sie vor dir steht und du ihr positive und heilsame Energie schickst, die von deinem Herzen in das Herz dieser Person fließt und dort Liebe und Wärme verbreitet.

Die Person lächelt dich an und blickt dir tief in die Augen. Ihr umarmt euch, und du fühlst dich sehr wohl dabei.

Spüre nun die Liebe in deinem Herzen, nimm wahr, wie sich dein Brustkorb weitet.

Fühle die Wärme, die sich in deinem ganzen Körper ausbreitet.

Du bist voller Liebe, die tief in dir verwurzelt ist.

Kuschel dich nun noch tiefer in dein Bett hinein, und beginne, tief und ruhig zu atmen.

Atme dich in den Schlaf

Mit der 4-7-8-Atemtechnik kannst du dich gut in den Schlaf atmen. Diese Übung kommt aus dem Pranayama, einem Bestandteil des Raja Yogas. Das Ziel des Pranayama ist die Zusammenführung von Körper und Geist durch bestimmte Atemübungen.

Wenn du bequem in deinem Bett liegst, atme einmal komplett durch den Mund aus. Deine Zungenspitze sollte sich während dieser Übung an der Erhöhung des Gaumens hinter deinen Vorderzähnen befinden.

Schließe nun den Mund, und atme langsam und sanft durch die Nase ein. Zähle dabei in Gedanken bis 4.

Halte dann die Luft an, und zähle in Gedanken bis 7.

Atme nun die gesamte Luft geräuschvoll durch den Mund wieder aus, und zähle dabei in Gedanken bis 8.

Wiederhole die Übung vier Mal.

Das Besondere an dieser Übung ist das Luftanhalten. Währenddessen nehmen deine Lungen besonders gut Sauerstoff auf, und Spannungen im Körper werden gelöst. Das hat zur Folge, dass sich dein ganzer Körper entspannt.

Tipp:

Je öfter du diese Übung machst, desto mehr Wiederholungen kannst du durchführen. Geübte machen statt 4 später 8 Wiederholungen.

Gute Nacht, und schlaf gut.

*Wir sind,
was wir denken.*

Alles, was wir sind, entsteht
aus unseren Gedanken.
Mit unseren Gedanken
formen wir die Welt.

BUDDHA

Die Macht
DEINER GEDANKEN

Alles, was uns einfach so in den Kopf kommt, auch die verrückteste Idee, ist rein. Eine Idee ist ohne Vorurteile, ohne Wertung, sie ist einfach da. Dann meldet sich der Verstand zu Wort und macht uns oft alles wieder kaputt:

► Kannst du das überhaupt?
► Dafür braucht man doch ein Studium!
► Wie soll das denn gehen ohne Startkapital?
► Das dauert doch viel zu lange.
► Du hast doch gar keine Erfahrung auf dem Gebiet.

Das raubt ziemlich viel Energie, kann uns ausbrennen, lähmt uns und somit unsere Idee. Diese Glaubenssätze tragen wir meist seit Kindheitstagen mit uns herum und haben sie seitdem oft auch nicht mehr hinterfragt.

Ist das so richtig, was ich mir da täglich sage? Sind die Umstände noch dieselben wie zu der Zeit, als ich begonnen habe, so zu denken? Was nutzt mir das eigentlich?

Nachdem wir diese Gedankenmuster jahrelang trainiert haben, ist es anfangs schwer, sie umzustellen. Es ist ein Prozess und bedarf ein wenig Geduld …

Anleitung

Wenn dir solche Gedanken kommen, stelle dir folgende Fragen: Nutzt mir das? Unterstützt mich der Gedanke, stimmt er mich positiv, trägt er meine Idee?

Nein? STOPP!

Haue ruhig mit der Hand auf den Tisch, und sage dir: »Stopp, diese Gedanken haben jetzt Pause.« Gehe spazieren, oder betätige dich sportlich, dabei richtest du den Fokus wieder auf die Idee an sich.

Ersetze die Gedanken: Überlege dir, was dich motiviert und weitermachen lässt. Stimmt es denn wirklich, dass du noch nie etwas geschafft hast? Was ist mit dem Schulabschluss, dem Führerschein, der Beziehung mit dem Partner, in den du dich so verliebt hast? Du hast bisher viel geschafft in deinem Leben, Kleines und Großes.

Wenn du Angst oder Minderwertigkeitsgefühle hast, darfst du erst einmal herausfinden, woher diese Angst kommt. Welche Erfahrungen hast du in der Vergangenheit gemacht, die dich die Angst auch heute noch in gewissen Situationen verspüren lassen? Dann hinterfragst du die negativen Überzeugungen und stellst diese klar.

Wenn du dir also einen bestimmten Job, eine glückliche Beziehung oder eine Gehaltserhöhung wünschst, musst du zuerst einmal dein Unterbewusstsein davon überzeugen. Es genügt nicht, dir deine Wünsche vorzusagen, du musst sie im Innersten visualisieren und dich richtig in das Gefühl hineinversetzen. Du musst dich mit all deiner Fantasie in die Vorstellung hineinbegeben, wie dein Leben deiner Meinung nach auszusehen hat. Je bewusster du lebst, desto mehr lebst du im Einklang mit deinem Selbst, deinem »higher self«.

Probiere es aus:
Du kennst bestimmt die Aussage: Den Parkplatz habe ich schon beim Universum bestellt!

So in etwa kann es tatsächlich funktionieren: Bevor du losfährst, stellst du dir den Parkplatz genau vor. Du bist dir absolut sicher, dass da ein Parkplatz auf dich wartet. Visualisiere genau, wie du in die Parklücke hineinfährst. Wie fühlst du dich? Vermutlich bist du sehr erleichtert, oder? Stelle es dir vor, fühle es. Je öfter du Gefühle mit Visualisierungen kombinierst, desto stärker brennt sich dieser Vorgang im Unterbewusstsein ein.

Positive Gefühle haben eine stärkere Kraft als negative Emotionen und werden in einer höheren Frequenz ins Universum gesendet.

Ob du an Esoterik, Spiritualität oder Wissenschaft glaubst, Forscher der Neurologie haben diesen Vorgang untersucht und festgestellt, dass Gedanken elektrische Impulse sind, die elektrische und chemische Umschaltungen im Gehirn auslösen. Das bedeutet, Gedanken sind Kräfte.

Beobachte deine Gedanken:

Schreibe deine Glaubenssätze auf. Was kommt dir sehr häufig in den Sinn? Beobachte dich in den nächsten Tagen. Wie denkst du über dich selbst? Machst du dich eher runter, oder denkst du gütig über dich? Vergibst du dir, oder beschuldigst du dich schnell?

Hinterfrage deine Glaubenssätze:

Worte wie »nie« und »nichts« kannst du schon einmal streichen. Ich kann mir nicht vorstellen, dass du noch nie etwas fertiggestellt hast oder dass du gar nichts kannst.

Programmiere deine Glaubenssätze um:

Unser Unterbewusstsein kann nicht zwischen Richtig und Falsch, Gut und Böse unterscheiden. Wir selbst müssen diese Glaubenssätze hinterfragen und richtigstellen. Erst unser Bewusstsein erledigt diese Arbeit.

Schreibe das Gegenteil von dem auf, was du von dir geglaubt hast:

► Ich habe meinen Abschluss geschafft!
► Ich habe den Job, die Wohnung, den Partner etc. bekommen!
► Ich bin etwas wert!

Was auch immer es ist, schreibe es direkt neben deine Glaubenssätze – am besten hebst du diese Sätze in einer anderen Farbe hervor, beispielsweise in Grün. Schaue dir diese Sätze einige Zeit lang an. Was passiert mit dir? Spürst du einen Unterschied zwischen den Sätzen? Macht es dich traurig, wie hart du zu dir bist? Wir selbst sind unsere größten Kritiker.

Pole deine Glaubenssätze in Affirmationen um:
Affirmationen sind unsere bewusst gewählten Glaubenssätze. Dabei gilt: »Positiv FM« schlägt »Bullshit-Bingo« auf unserer gedanklichen Radiofrequenz.

Einige meiner Affirmationen sind beispielsweise:
- ▶ Ich bin gut, so, wie ich bin!
- ▶ Ich darf mich ausruhen!
- ▶ Ich bin etwas wert!

Schreibe die Affirmation(en) auf kleine Zettel, und hänge sie gut sichtbar an einen Platz, an dem du täglich mehrmals vorbeigehst. Lies den Satz jedes Mal beim Vorbeigehen laut vor. So speicherst du diesen Gedanken ab und verdrängst deinen Glaubenssatz nach und nach.

Sollten dir deine Glaubenssätze zwischendurch einmal wieder »Hallo« sagen, verzweifle nicht. Das ist normal, sie wehren sich natürlich erst einmal, bevor sie verschwinden.

Stelle dir folgendes Bild vor: Nimm den Glaubenssatz in den Arm, und sage: »Du hast mich lange begleitet. Es ist okay, dass du da bist. Ich sehe dich, ich weiß, woher du kommst. Aber jetzt ist die Zeit für Veränderung gekommen. Du darfst gern mitfahren, aber du sitzt hinten und bestimmst nicht mehr, wohin die Reise geht. Von nun an sitzen meine Glaubenssätze auf dem Beifahrersitz.«

Träume kommen, um zu bleiben!

HALTE DEINE
Träume fest

Morgens, kurz nach dem Aufwachen, befinden wir uns in einer Schlaf-wach-Phase. In dieser Phase haben wir die Chance, unser Unterbewusstsein »zu hören«. Vor allem, wenn wir uns am Abend davor konzentriert mit unseren Gedanken beschäftigt haben. Nutze die Gelegenheit, und schreibe am Morgen, gleich nach dem Aufwachen, deine Träume und Gedanken auf. Versuche, die Bilder und Symbole aus deinem Traum mit deiner momentanen Frage oder Situation in Verbindung zu bringen.

Lies im Laufe der Woche all deine Aufzeichnungen durch, und spüre dabei tief in dich hinein.

► Was geht in dir vor?
► Wo spürst du körperliche Empfindungen wie ein Zucken, eine Enge, eine Weite, Aufregung?
► Was macht das mit dir?

Schreibe es auf, und halte es fest. Du kannst natürlich auch Dinge wieder streichen, wenn du denkst, es sind einfach nur sogenannte Hirngespinste. Genauso sind Ergänzungen zu einzelnen Gedanken hilfreich, die dir beim Durchblättern in den Sinn kommen.

Für einen Morgen, der deinen ganzen Tag entschleunigen und die Basis für einen bewussten Tag bilden soll, kannst du dir auch eine Morgenroutine einrichten. Unser Körper braucht ca. 3 Monate, um eine neue Routine anzunehmen. Bis dahin kann es sein, dass es sich ungewohnt und auch unbequem anfühlt. Wer diese Zeit durchhält, wird allerdings belohnt. Danach ist es für deinen Körper so selbstverständlich, dieser Routine zu folgen, dass er eher mürrisch reagiert, wenn du etwas davon wieder auslässt.

Morgenroutine

► Versuche, mit dem Tageslicht aufzuwachen. Auch wenn es in deinem Schlafzimmer nachts sehr hell ist, versuche, auf das Abdunkeln zu verzichten. So kann sich dein Körper am Morgen besser darauf einstellen, dass er jetzt aufwachen und aktiv werden sollte.

► Beginne noch im Bett, dich kräftig zu recken und zu strecken. Dein Körper weiß dann, dass es Zeit ist, aktiv zu werden.

► Mache dein Bett. Ja, ich weiß, ich höre mich jetzt vermutlich an wie deine Mama. Allerdings hat es einen psychologischen Effekt, sein Bett zu machen. Es ist das erste Etappenziel, das wir am Morgen erreichen.

Es ist der erste Punkt auf deiner täglichen To-do-Liste, und den hakst du sogleich ab. Wunderbar erleichternd, nicht wahr?

▶ Mache gleich nach dem Aufwachen ein paar Yogaübungen, und meditiere danach. Der Körper ist zu dieser Zeit genau in der richtigen Verfassung dafür.

▶ Reinige deine Zunge nach dem Aufwachen (z. B. mit einem ayurvedischen Zungenreiniger), und trinke danach ein Glas lauwarmes Wasser mit dem Saft einer frisch gepressten Zitrone darin. Das entschlackt und regt den Stoffwechsel an.

▶ Atme frische Luft ein: Öffne deine Fenster, oder gehe eine Runde um den Block.

▶ Versuche, Entscheidungen schnell zu treffen. Somit bewahrst du dir Energie für die wichtigen und kräftezehrenden Aufgaben des Tages. Versuche, schnell zu entscheiden, was du anziehen und frühstücken möchtest. Eventuell legst du dir abends schon alles zurecht, falls es bei dir morgens immer hektisch zugeht. Damit arbeitest du gleich noch an einer gesunden Life-Balance, weil du mögliche Stressfaktoren reduzierst und Zeit für dich gewinnst.

► Plane und strukturiere deinen Tag. Was ist dein Tagesziel? Welche Dinge gilt es zu erledigen, welche Tätigkeiten kannst du vielleicht sogar delegieren? Wen musst du anrufen beziehungsweise anschreiben? Plane auch unbedingt deine Pausen mit ein.

Tipp:

Am besten hältst du diese Dinge in einem Heft oder Notizbuch fest.

Finde Kraft
in der Schönheit der *Stille.*

DIE KRAFT DER STILLE –
Meditation

Meditation wirkt nachweislich positiv auf unser Gehirn. Die Aktivität in den Gehirnarealen, in denen sowohl das Bewusstsein für unseren eigenen Körper als auch das Bauchgefühl gesteuert werden, nimmt durch eine fortlaufende Meditationspraxis zu. Der linke Frontalcortex sorgt für Ausgeglichenheit und emotionales Gleichgewicht. Bei Meditierenden ist dieser Teil sehr aktiv.

Um dich mit deiner Intuition zu verbinden, ist es unumgänglich, in die Stille zu gehen. Wenn du entspannt bist, kannst du den Fokus vom Außen- ins Innenleben richten und zu Antworten gelangen, die du vielleicht gerade suchst.

Wichtig hierbei ist, dass du den Weg aus dem Kopf in dein Herz findest. Wir erleben allzu oft, dass Entscheidungen mit dem Kopf getroffen werden, unsere Essenz und Weisheit liegen allerdings in unserem Herzen.

Wir alle denken um die 70 000 Gedanken am Tag. Ermahnende, klärende, strukturierende, vorsichtige, ängstliche und belastende Gedanken. Achtsamkeit hilft dir dabei, diese Vielzahl an Gedanken zu sortieren und leiser werden zu lassen. Meditationen, Body-Scans und

Traumreisen entschleunigen unseren oft stressigen Alltag.

Meditation hilft dabei:
► Gedankenspiralen zu durchbrechen,
► ruhiger und entspannter zu werden,
► Ängste zu reduzieren,
► Kraft zu tanken,
► Nervosität zu vermindern,
► Gelassenheit zu verstärken und vieles mehr.

Meditation kann auf vielerlei Arten ausgeübt werden. Zwischendurch, bei einem achtsamen Spaziergang, im Sitzen, in einem ruhigen Raum, aber auch beim Fahren mit der U-Bahn. Nimm erst deine Umwelt, dann dein Innenleben ganz bewusst mit all deinen Sinnen wahr. Höre, fühle, rieche, schmecke, schaue.

Falls es dir schwerfallen sollte, dich zu konzentrieren, oder deine Gedanken wild in deinem Kopf herumwirbeln, ist es hilfreich, dich auf deinen Atem zu konzentrieren. Wenn du einatmest, sagst du innerlich »einatmen«, und beim Ausatmen sagst du in Gedanken

»ausatmen«. Wirst du ruhiger und hast das Gefühl, dass deine Aufmerksamkeit stabil ist, kehrst du wieder zum normalen Atemfluss zurück.

Mittlerweile gibt es viele Apps, die gerade Einsteigern das Meditieren erleichtern sollen. Es ist jedoch sinnvoll, sich vorab ein paar Informationen über Meditation einzuholen. Grundsätzlich gilt: Je regelmäßiger du meditierst, desto höher ist der Nutzen, den du für dich daraus ziehen kannst. Ebenfalls empfiehlt es sich, an einem festen Platz zu meditieren. Gerade am Anfang ist es hilfreich, dir einen Wecker zu stellen, damit du während der Meditation die Zeit vergessen kannst. Mir ging es zu Beginn meiner Meditationspraxis oft so, dass ich wissen wollte, wie lange ich denn schon »durchgehalten« habe. Das ist sehr anstrengend und hat wenig mit dem eigentlichen Zweck einer Meditation zu tun – nämlich Raum und Zeit zu vergessen. Schon 5–10 Minuten regelmäßige Meditation, am besten direkt nach dem Aufstehen oder kurz vor dem Schlafengehen, sind förderlich für dein Wohlbefinden.

Tipp:

Mache Meditation zur Routine. Nur eine Routine kann eine langfristige Wirkung erzielen.

Meditation für Beginner – dein Guide

▶ Beginne mit kleinen Einheiten von 2–3 Minuten, und erhöhe diese stetig um eine Minute täglich oder wöchentlich.

▶ Suche dir einen ruhigen Ort, an dem du ungestört bist (wenn möglich, sollte es immer derselbe sein).

▶ Richte diesen Raum so ein, dass du dich sehr wohl darin fühlst.

▶ Du kannst eine Kerze anzünden, einen Duft versprühen (z. B. Lavendel oder Frangipani).

▶ Falls du keine geführte Meditation machst, kannst du Musik abspielen, die dich beruhigt.

▶ Mache es dir bequem, und achte darauf, dass du nicht frierst. Nimm dir ruhig eine Decke.

▶ Setze dich aufrecht und bequem hin, so, als ob du an einem Faden sanft nach oben gezogen wirst. Wenn dich das Sitzen schmerzt, setze dich auf ein Kissen oder einen Stuhl. Hauptsache, du sitzt bequem.

▶ Atme ruhig und tief in den Bauch ein – das vermindert deine Herzfrequenz, beruhigt und fokussiert deinen Geist.

▶ Wenn dir Gedanken kommen – und das werden sie sicherlich –, nimm diese an, beobachte sie einfach nur, und verfolge sie nicht weiter. Denken ist ganz normal.

Du kannst dir die Gedanken wie Schiffe auf dem Ozean vorstellen. Sie kommen und ziehen wieder weiter. Falls du dich durch deine Gedanken sehr gestört fühlst, atme drei Mal tief in den Bauch hinein. Halte dabei deinen Atem für ein paar Sekunden an, bevor du wieder ausatmest.

Die Metta-Meditation

Eine besonders schöne Meditation ist die Metta-Meditation. Das Wort »Metta« kann übersetzt werden mit »liebende Güte«, »Freundschaft« oder »Freundlichkeit«.

In der Metta-Meditation geht es grundsätzlich darum, dass wir sowohl uns selbst als auch allen anderen – ob wir diese nun mögen, mit ihnen im Streit liegen oder ihnen gegenüber vollkommen neutral gestellt sind – Glück und Liebe wünschen. Sie reduziert Wut, Angst und Verbitterung und stärkt deine wohlwollende Haltung zu dir selbst und gegenüber anderen.

Das kann anfangs durchaus schwerfallen. Versuche, geduldig mit dir zu sein.

Tipp:

Solltest du in der Meditation bemerken, dass es dir schwerfällt, anderen Menschen Liebe entgegenzubringen, stelle dir Folgendes vor: Wir alle sind im Grunde kleine Kinder, die einfach nur geliebt werden wollen. Auch der andere versucht in jedem Moment seines Lebens, sich so zu verhalten, wie es für ihn am besten ist. Das mag dir nnicht immer gefallen, aber dein Gegenüber kann sehr wahrscheinlich nicht anders handeln.

Die Metta-Meditation:

- ▶ stärkt dein Selbstbewusstsein,
- ▶ fördert einen ruhigen Schlaf,
- ▶ verstärkt spürbar das Senden und Empfangen von Liebe und Zuneigung,
- ▶ lässt dich leichter verzeihen,
- ▶ kann seelische Schmerzen und Blockaden heilen.

Die Metta-Meditation eignet sich grundsätzlich für jeden – auch für Anfänger. Je nachdem, wie wohl du dich bei der Meditation fühlst, kannst du dafür zwischen 10–30 Minuten einplanen.

Suche dir nun einen ruhigen Platz, an dem du dich wohlfühlst. Nimm eine Position im Sitzen oder Liegen ein, in der du für die Zeit der Meditation bequem verweilen kannst. Atme einige Mal tief durch die Nase in den Bauch ein und aus. Konzentriere dich ganz auf dich und deinen Atemfluss.

Beginne nun, dir selbst liebevolle und mitfühlende Gedanken entgegenzubringen. Sage – innerlich oder laut – folgende Sätze:

► Möge es mir gut gehen, möge ich glücklich sein.
► Möge ich gesund und frei von Ärger sein.
► Möge ich zufrieden und entspannt sein.
  Verweile, solange du magst, im Mitgefühl für dich.

Wenn du so weit bist, stelle dir nun jemanden vor, den du liebst. Es kann sich dabei um einen Freund, deinen Partner oder ein Familienmitglied handeln. Stelle dir diese Person vor, spüre ihre Energie, und schenke ihr ein Lächeln.

Schicke nun dieser Person Liebe, Mitgefühl und Wohlwollen oder das, was sie gerade am meisten braucht:

► Möge es dir gut gehen, und mögest du gesund sein.
► Mögest du glücklich und frei von Ärger sein.
► Mögest du zufrieden und entspannt sein.
  Verweile, solange du magst, in Gedanken an die Person.

Richte deine Gedanken nun auf eine Person, zu der du kein bestimmtes Verhältnis hast, für die du keine Zu- oder Abneigung empfindest. Stelle dir die Person deutlich vor, sieh sie an, und schenke auch ihr ein Lächeln. Bringe auch ihr Freundlichkeit, Liebe und Wohlwollen entgegen:

- ▸ Möge es dir gut gehen, und mögest du gesund sein.
- ▸ Mögest du glücklich und frei von Ärger sein.
- ▸ Mögest du zufrieden und entspannt sein.
  Verweile, solange du magst, in Gedanken an die Person.

Richte nun deine Gedanken auf jemanden, mit dem du im Streit liegst. Das ist wohl die größte Herausforderung und mag dir zuerst einmal nicht leichtfallen. Vielleicht gibt es jemanden, mit dem du nur eine kleine Meinungsverschiedenheit hast – das würde dir zu Beginn deiner Meditationspraxis sicher leichterfallen. Es ist nicht einfach, von großem Ärger und Zorn abzulassen. Vielleicht kannst du dennoch eine Gemeinsamkeit mit dieser Person feststellen, die den Ärger ein wenig in den Hintergrund treten lässt. Sieh den Menschen hinter dem Streit. Sobald du eine Verbindung geschaffen hast, stelle dir diese Person ganz genau vor. Lächle sie an, und wünsche auch ihr nun Liebe, Wohlwollen und Freundlichkeit:

- ▸ Möge es dir gut gehen, und mögest du gesund sein.
- ▸ Mögest du glücklich und frei von Ärger sein.

▶ Mögest du zufrieden und entspannt sein.
  Verweile hier so lange, wie es dir guttut.

Schließe nun alle bisher visualisierten Menschen in deine Meditation ein, und sende ihnen zur gleichen Zeit deine liebevollen Gefühle und Wünsche.

▶ Möge es uns gut gehen, und mögen wir gesund sein.
▶ Mögen wir glücklich und frei von Ärger sein.
▶ Mögen wir zufrieden und entspannt sein.
  Bleibe so lange in diesen Gedanken, wie es sich für dich angenehm anfühlt.

Dann bewege langsam die Zehen und Fingerspitzen, und komme wieder ins Hier und Jetzt zurück. Wenn du so weit bist, öffne langsam deine Augen.

Die geführte Meditation

Eine besondere Art der Meditation ist die sogenannte geführte Meditation. Hierbei konzentrierst du dich auf eine Geschichte, die in einem meditativen Zustand auf dein Unterbewusstsein wirkt.

Es wird mit inneren Bildern gearbeitet und dabei ein geschützter Raum in uns selbst geschaffen, auf den wir jederzeit und von überall aus zugreifen können.

Am Ende der Meditation gibt es einen Teil, bei dem du in einen See steigst. Prüfe bitte vorher, ob du dich damit wohlfühlst.

»Der innere Garten«

Mache es dir bequem, setze dich aufrecht auf einen Stuhl, oder lege dich gerade hin. Führe dein Kinn ein wenig zur Brust, sodass dein Nacken schön gestreckt ist.

Schließe die Augen, atme tief durch die Nase in den Bauch hinein und durch den Mund wieder aus. Nimm wahr, wie sich deine Bauchdecke hebt und senkt. Finde deinen eigenen Atemrhythmus, und behalte ihn bei. Von Atemzug zu Atemzug wirst du entspannter. Du tauchst immer mehr in deine innere Welt ein und fühlst dich wohlig schläfrig. Was du dir wünschst, darfst du einatmen, was du loswerden möchtest, darfst du ausatmen.

Konzentriere dich ganz auf dein Innenleben. Richte den Blick (mit geschlossenen Augen) auf den Punkt zwischen deinen Augenbrauen.

Stelle dir nun ein Gartentor vor, es steht leicht offen, und du gehst hindurch in einen großen Garten. Tritt ganz bewusst und langsam ein. Sieh dich um, und genieße die frische

Luft. Spüre die Wärme der Sonnenstrahlen auf deinem Gesicht.

Dies ist dein Ort, zu dem nur du Zugang hast. Keiner kennt den Weg hierhin, nur du kannst durch das Gartentor gehen. Hier findest du Ruhe und Schutz.

Spüre das weiche Gras unter deinen nackten Füßen. Gehe jeden Schritt ganz bewusst, und nimm den Reichtum an Leben in deinem Garten wahr.

Suche dir einen ganz besonders schönen Baum, gehe auf ihn zu, und streichle über seine Rinde. Spürst du die Stärke und die Weisheit, die von diesem Baum ausgehen? Lehne dich an ihn, und stelle dir vor, wie du an diesen Baum all das abgibst, was dir nicht mehr dient. Atme dabei tief aus.

Ziehe mit der nächsten Einatmung die Energie in deinen Körper hinein, die du brauchst. Der Baum gibt sie dir. Verweile hier noch so lange, wie es sich gut für dich anfühlt.

Gehe behutsam weiter, und schaue dich um. Während du entspannt und ruhig weiterläufst, hörst du das leise Rauschen von Wasser. Mit jedem Schritt wird es lauter, und du erkennst einen großen Wasserfall, der sich zwischen dichten Büschen versteckt. Das frische Wasser plätschert und prasselt in einen See, der sich nun vor dir ausbreitet. Tauche einen Fuß hinein, und fühle die angenehme Frische. Du läufst durchs Wasser auf den

Wasserfall zu und spürst die feine Gischt in deinem Gesicht. Das Wasser ist so klar, dass du bis auf den Grund sehen kannst. Du erkennst wunderschöne Steine, und dein Gesicht spiegelt sich in der Wasseroberfläche.

Du bist eins mit deinen Gedanken, Gefühlen und mit deinem Körper. Hier kannst du dich ausruhen und fallen lassen.

Langsam steigst du wieder aus dem Wasser heraus und läufst noch einmal durch deinen wunderschönen Garten. Nimm ganz genau wahr, was du alles gepflanzt hast, was gerade erblüht und deine Pflege braucht.

Du erblickst wieder das Gartentor. Gehe hindurch, und schließe es hinter dir. Der Garten ist dein persönlicher Ort – du kannst ihn jederzeit besuchen.

Wenn du bereit bist, dann bewege deine Zehen und Fingerspitzen ein wenig, und komme langsam wieder zurück ins Hier und Jetzt. Wenn du so weit bist, öffne langsam deine Augen.

Hinweis:

Meditationen sind nicht geeignet für Menschen mit sehr starken Schmerzen, starken Depressionen oder Psychosen. Sie sind kein Ersatz für einen Arztbesuch oder eine Psychotherapie.

Body-Scan

Eine weitere Möglichkeit zur Meditation ist der Body-Scan. Wichtig ist, dass du zur Ruhe kommst und eine Verbindung zu dir herstellen kannst. Nimm dir für den Body-Scan ca. 45 Minuten Zeit.

Atme durch die Nase drei Mal ruhig und tief in den Bauch ein und aus. Spüre, wie die warme Luft in deinen Körper hineinströmt, über die Lunge bis hinunter in deinen Bauch.

Lege die linke Hand auf dein Herz, die rechte Hand auf deinen Bauch. Spüre, wie sich dein Oberkörper und deine Bauchdecke heben und wieder senken.

Stelle dir vor, du atmest weißes, strahlendes Licht ein. Es strömt in dein Herz und wärmt dich. Spüre nun in deinen ganzen Körper hinein – von den Zehen bis zum Scheitel. Wie fühlen sich deine einzelnen Körperteile an? Welche Körperteile sind leicht und aktiv? Welche Körperteile schmerzen oder fühlen sich schwach an? Leite daraus deine momentanen Bedürfnisse ab. Was brauchst du, um deinen Körper gesund zu halten?

Stelle dir nun vor, wie das weiße Licht in die schwachen Körperregionen vordringt. Es wärmt und heilt sie. Du fühlst dich ganz warm und wohl.

Wenn du magst, kommst du mit kleinen Finger- und Zehenbewegungen wieder ins Hier und Jetzt zurück.

Ein Traum ist unerlässlich,
wenn man die

Zukunft gestalten will.

VICTOR HUGO

Begib dich

AUF EINE TRAUMREISE

Hast du eine bestimmte Frage, die dir unter den Nägeln brennt? Gibt es ein Problem, das du momentan noch nicht lösen kannst und das dir schlaflose Nächte bereitet? Dann habe ich einen ganz besonderen Tipp für dich: die Traumreise.

Traumreisen sind eine tolle Möglichkeit, um bei wichtigen Fragen und großen Entscheidungen eine intuitive Lösung zu finden. Sie gehen ganz einfach, und du brauchst nur wenig Zeit für deine erste Traumreise.

Nimm dir ein paar Minuten Zeit, und finde einen ruhigen Raum, in den du dich zurückziehen und wo du dich einige Zeit ausruhen kannst.

Denke ganz konzentriert an diese eine Frage oder das Problem. Werde so konkret wie möglich dabei.

Versuche, eine Minute lang wegzudösen, so, dass du in eine Art Halbschlaf fällst. Du kannst dir zur Entspannung eine Duftlampe mit Lavendel- oder Frangipaniöl anzünden. Mache es dir so richtig schön gemütlich.

Wenn du wieder aufwachst, erinnere dich an deinen Traum. Achte auf Bilder und Symbole, und beziehe sie auf dein Anliegen. Schreibe alles auf, so wird dir einiges möglicherweise noch klarer. Unser Unterbewusstsein lügt nicht.

Tipp:

Gehe auch in den Stunden / Tagen nach deiner Traumreise achtsam mit dir und deinen Bedürfnissen um. Sorge dafür, dass du ausgeglichen bist, Pausen einlegst und früh schlafen gehst. Trinke ausreichend. Versuche, dich morgens an deine Träume zu erinnern, und schreibe sie auf. Womöglich legst du dir sogar ein Buch und einen Stift griffbereit neben dein Bett.

Nutze die Kraft
DER NATUR

Gehe in der Natur spazieren, am besten besten barfuß – das erdet und verbindet dich mit Mutter Erde. Nutze vor allem die Energie der Bäume.

Du hast dich bestimmt schon oft gefragt, warum Menschen Bäume umarmen. Bäume geben eine sehr positive, das zentrale Nervensystem beruhigende Energie ab, ebenso können sie aber auch als eine Art energetischer Blitzableiter dienen. Wenn du negative Energie mit dir herumträgst, kannst du diese an die Bäume abgeben. Dazu musst du den Baum nicht unbedingt umarmen, wenn dir das als zu extrem erscheint. Du kannst dem Baum auch einfach für eine gewisse Zeit deine Hände auflegen. Spüre, wie die Energie fließt und all das Negative, das du loswerden möchtest, vom Baum aufgenommen wird. Du darfst alles wieder an die Erde abgeben. Es ist wie eine Art Kompostiervorgang – die Erde nimmt deine Energie auf und verwandelt sie.

Nutze nun den Baum, um dich wieder mit Energie auf-
zuladen:

► Sieh den Baum genau an.
► Welche Farben hat er? Wie sieht seine Rinde aus?
► Fühle ihn. Fühlt er sich rau oder samtig an? Trocken
  oder feucht?
► Rieche ihn. Riecht er nach Moos oder Harz? Riechst
  du die Erde, auf der du stehst?
► Höre zu. Was hörst du? Vögel, Schritte, Rascheln?

Versuche, deine Sinne ganz intensiv zu nutzen, während
du dich mit frischer Energie auflädst. Wenn du ganz
genau hinsiehst und -hörst, kann dir die Natur einiges
über dich verraten. Schließlich bist du ein Teil von ihr.
Verbunden mit allem, was ist.

Versuche, Zeichen zu deuten. Blätter auf
deinem Weg, ein Wort, das du in letzter Zeit ständig hörst, eine Person, an
die du aus unerklärlichen Gründen
immer wieder denken musst, der
Text eines Liedes, das ständig ge-
spielt wird. Zeichen sind überall,
wir müssen sie nur wahrnehmen
und deuten. Denn wenn wir Zeichen für uns deuten, lassen wir unseren tiefsten Wünschen freien Lauf.

Das Deuten an sich ist etwas, was außerhalb von uns liegt. Wir bringen es nicht sofort mit uns in Verbindung, sodass es uns auch keine Angst macht, Deutungen anzustellen. Es sind ja erst einmal nur Deutungen, richtig? Was wir da allerdings für uns deuten, sind entweder unsere verborgenen Wünsche oder unsere tiefsten Ängste. Mit beidem können wir arbeiten.

Folgende Geschichte gibt ein Erlebnis auf Sri Lanka wieder, das mich sehr berührt hat. Am Anfang meiner großen Reise fragte ich mich, ob ich den für mich richtigen Weg finden würde und wo ich überhaupt hingehörte. Doch an diesem einen Tag entwickelte ich ein so tiefes Vertrauen und wurde durch diesen Moment darin bestätigt, dass alles gut werden wird.

Das Erwachen:

»Während ich mir meinen Schal um die Schultern lege, steige ich die Stufen zu der mächtigen Buddha-Statue auf dem Berg Bahirawakanda empor. Die Statue ruht im Lotossitz und blickt auf den heiligsten aller Tempel Sri Lankas hinab, den Zahntempel in Kandy. Über ihr befindet sich nur noch die Weite des sattblauen Himmels, geschmückt mit ein paar wenigen Wolken.

Dieser Ort strahlt eine unglaubliche Ruhe aus, und es scheint für einen kurzen Moment so, als ob meine ganze

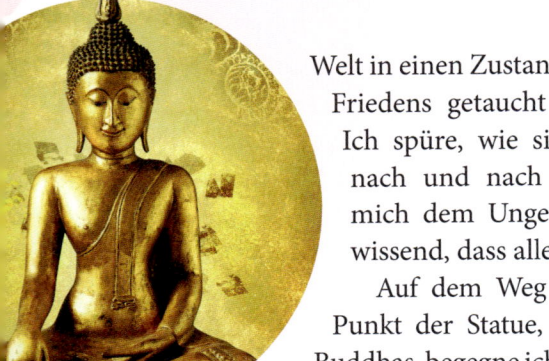

Welt in einen Zustand grenzenlosen Friedens getaucht worden wäre. Ich spüre, wie sich mein Geist nach und nach klärt und ich mich dem Ungewissen öffne – wissend, dass alles gut wird.

Auf dem Weg zum höchsten Punkt der Statue, dem Kopf des Buddhas, begegne ich einem Mönch. Er blickt kurz von seiner Zeitung auf und begrüßt mich mit einem Lächeln, das in mir ein Gefühl von Zuversicht auslöst.

Ich werde immer ruhiger und tauche ein in den Moment, in das Hier und Jetzt. Ich spüre eine leichte Brise, die die Blätter der Bäume um mich herum rascheln lässt. Der warme Lufthauch fühlt sich an, als würde eine Hand behutsam über mein Gesicht streicheln.

Der Blick auf die heilige Stadt ist atemberaubend. Der See glänzt in der Sonne, Tuk-Tuks fahren hektisch durch die staubigen Straßen. Der Lärm wird von den Gebäuden und dem Wind eingefangen und dringt kaum noch bis zu mir hier oben durch. Ich nehme Vogelgezwitscher wahr, die achtsamen, fast geräuschlosen Schritte der Mönche, das Schnaufen eines Hundes, der im Schatten des Bodhibaumes Schutz vor der Mittagssonne sucht. Es scheint, als wirke die klare Luft an diesem heiligen Ort wie ein Filter, der alles klärt, damit ich mich auf das Wesentliche konzentrieren kann.

Ich steige die Stufen zum Kopf des Buddhas empor, der sich knapp unterhalb der Krone des Bodhibaumes befindet. Unter diesem Baum erlangte Buddha einst die Erleuchtung, bevor er am Tag darauf dahinschied. Seine Blätter sind sehr kostbar. Man darf sie keinesfalls pflücken, sondern muss warten, bis eines abfällt, wenn man es mitnehmen möchte. Der Bodhibaum ist ein buddhistisches Symbol des Erwachens. Er stellt die Weltachse im Mittelpunkt der Erde dar. Himmel, Erde und Unterwelt werden miteinander verbunden. Auch ich bin verbunden – vermutlich zum ersten Mal in meinem Leben fühle ich mich ganz. Eins mit meiner Umwelt. Es gibt keine Abspaltung, keine Trennung.

Nach einer Weile verlasse ich den heiligen Ort wieder. Auf dem Weg zu meinem Tuk-Tuk bemerke ich etwas in der Tasche meiner Pluderhose. Etwas Glattes, Kühles berührt meine Finger. Bevor ich es aus der Tasche ziehe, weiß ich, was es ist. Es ist das Symbol meiner wunderbaren Erfahrung, das Symbol des spirituellen Erwachens. Es ist ein Blatt des Bodhibaumes, das wohl der Wind dorthinein wehte, als es sich von seinem Ast löste.

Dieser Moment berührt mich und ist sehr kostbar.

Das Blatt werde ich jemandem schenken, der seine Heimat – Sri Lanka – sehr lange nicht gesehen hat.«

BLEIBE IM ALLTAG
bei dir

In diesem Kapitel möchte ich dir Übungen und Techniken an die Hand geben, die dir helfen, auch in einem stressigen Alltag bei dir zu bleiben. Denn wenn es um die Stärkung deiner Intuition geht, geht es um dich, dein Innenleben, deine innere Stimme.

Abgrenzung von anderen

In unserem Alltag sind wir oftmals von sehr vielen anderen Menschen umgeben.

Schon morgens auf unserem Arbeitsweg sitzen viele Menschen mit uns im Bus, in der U-Bahn, oder sie begegnen uns auf dem Weg zum Bäcker. Bei der Arbeit sind wir von Kollegen umgeben, und in der Mittagspause sitzen wir neben Fremden im Restaurant.

So vergeht der Tag, und wir werden die ganze Zeit mit fremden Energien konfrontiert.

Du fragst dich jetzt sicherlich, wie du dich von anderen abgrenzen kannst, wenn du doch mitten unter ihnen bist. Wichtig ist hierbei, immer wieder zur Ruhe zu finden und sich eine Auszeit von dem Miteinander zu gönnen, z. B. im Park, in den eigenen vier Wänden oder beim Joggen im Wald.

Ich lebe in München und bin berufsbedingt oft im Stadtzentrum unterwegs. Dort befinden sich an jedem Tag im Jahr sehr viele Touristen, Shoppingpendler von außerhalb und wir Münchner eben. Das wird mir oft zu viel, und ich sehne mich nach dem Rückzug in meine eigene kleine Welt. Dabei helfen mir und meinen Klienten folgende Tools:

Entspannungsübung:

Achte auf deinen Atem. Atme tief durch die Nase in den Bauch hinein. Spüre, wie sich deine Bauchdecke hebt und senkt. Atme in einem Fluss ein und wieder aus, ohne zwischendrin zu stocken oder den Atem anzuhalten.

Nach dem Ausatmen halte deinen Atem für ca. 8 Sekunden an – je nachdem, wie lange es für dich angenehm ist. Atme wieder ein und aus, ohne den Atem anzuhalten.

Halte den Atem nach dem Ausatmen erneut für 8 Sekunden an.

Wiederhole diese Atemübung für 2–3 Minuten – auf alle Fälle so lange, bis du dich entspannt und ruhig fühlst.

Positive Schwingungen durch Musik:

Mir persönlich gelingt die Abgrenzung zu anderen sehr gut durch Musik.

Du siehst mich meist mit Kopfhörern durch die Stadt laufen oder in der überfüllten U-Bahn stehen. Wenn ich meine Kopfhörer einmal vergesse – was so gut wie nie vorkommt –, summe ich einen meiner Lieblingssongs in meinem Kopf und manchmal sogar laut. Das versetzt mich automatisch in einen positiven Zustand, und ich fühle mich gut. Die Schwingungen, Rhythmen und Bässe lösen pure Leichtigkeit in mir aus.

Erstelle eine Playlist mit deinen Lieblingsliedern, die dich positiv stimmen. Spiele diese immer im Getümmel ab, und versuche, kleine Bewegungen im Rhythmus der Musik auszuführen. Gehe im Takt der Musik, mache mit deinen Händen kleine Gesten dazu – sei kreativ.

Entspannungsmusik kann zusätzlich dazu beitragen, dass du wieder ruhiger wirst. Die Musik sollte maximal 60 Beats pro Minute haben, denn dein Herzschlag passt sich dem Takt der Musik an. Dadurch fährt dein Körper sein System runter, und du wirst generell ruhiger und entspannst dich.

Diese Musik solltest du nicht zu oft hören, sondern immer nur dann, wenn du dich wirklich entspannen möchtest.

Tipp für Mutige:

Bewege dich schwingend zur Musik. Das sorgt dafür, dass dein Körper im Fluss bleibt und die Energie durch alle Zellen geschickt wird. Die weichen Schwingbewegungen bewirken außerdem ein beruhigendes Gefühl in deinem Körper. Wie bei Babys im Mutterbauch, die sanft im Fruchtwasser schwingen.

Dazu schmeiße ich ein Lächeln an – und los geht's durch den Trubel.

Lächeln – eine Übung aus dem Mentaltraining:

Lächeln hat eine schnelle und vor allem nachhaltige Wirkung auf deine Gemütslage. Lächeln entspannt dich. Dabei ist es nicht relevant, ob es echt oder »künstlich« ist. Wichtig ist nur, dass du es mindestens eine Minute lang aufrechterhältst. So signalisierst du deinem Gehirn, dass alles gut ist. Deine Gesichtsmuskeln entspannen sich, und dein Körper denkt, er ist sicher, und entspannt ebenfalls. Toll, oder?

Am besten übst du das jeden Morgen und Abend vor dem Spiegel. Lächle dir mindestens 60 Sekunden lang zu, und beobachte, was in dir passiert. Versuche, diese Übung im Alltag auf der Straße, im Bus, im Auto oder vor dem PC bei der Arbeit anzuwenden. Ein Nebeneffekt: Du wirkst positiver und somit auch sympathischer auf andere, wodurch du wiederum positive Schwingungen im Außen anziehst.

Auch wenn du dich über etwas ärgerst, hat diese einfache Technik aus dem Mentaltraining schnell einen positiven Effekt auf deine Gemütslage.

Tipp:

Du kannst den Effekt dieser Übung noch verstärken, indem du in deine Gesichtsmuskulatur hineinspürst. Bemerkst du eine Spannung, löse sie, und versuche, in der Entspannung zu bleiben. Löse deine Zunge vom Gaumen, lockere deinen Kiefer, strecke deinen Nacken, indem du dein Kinn leicht zur Brust neigst, und blinzle mit den Augen, um sie mit Feuchtigkeit zu versorgen.

Achtsames Gehen:

All die oberen Punkte beachtend, passiert es mir trotzdem, dass ich mich vom Gehetze meiner Mitmenschen anstecken lasse. Ich halte dann inne, schalte ein, zwei Gänge runter und gehe langsamer. Zusätzlich beobachte ich meine Schritte. Ich höre sie, spüre meine Füße, wie sie den Boden berühren, schaue auf den Weg vor mir und nehme kleine Kieselsteine, Unebenheiten und die Farbe des Untergrundes wahr. Ich werde mir bewusst, dass der Boden mich sicher trägt und mir Halt gibt.

Nimm die schönen Dinge wahr, die es auf deinem Weg zu sehen, riechen und hören gibt. Fokussiere dich gezielt nur darauf, was für dich angenehm ist, und genieße das Gefühl der Freude. Wenn du magst, kannst du noch einen Schritt weiter gehen und daraus eine Geh-Meditation machen.

Geh-Meditation:

Atme langsam in den Bauch ein und aus. Mit der nächsten Einatmung hebe den rechten Fuß vom Boden, und mache einen kleinen Schritt nach vorn. Beim Ausatmen setze den Fuß wieder auf den Boden auf, und rolle ihn ab.

Bei der nächsten Einatmung hebe nun den linken Fuß, und lasse ihn mit der Ausatmung wieder auf den Boden abrollen. Setze diesen Vorgang weiter fort. Versuche dabei, so natürlich wie möglich zu gehen, und halte deine Hände ruhig. Vielleicht magst du sie auch auf dem Bauch oder Rücken verschränken.

Deine Schritte nehmen das Tempo deines Atems an. Spüre, wie du zunehmend ruhiger wirst und deine Umgebung immer weniger wahrnimmst.

Wenn du denkst, es ist genug, hebe den Blick vom Boden, und nimm deine Umgebung nach und nach wahr. Welche Farben siehst du? Was riechst du? Was hörst du? Komme langsam wieder ins Hier und Jetzt.

Tipp:

Diese Art der Meditation kannst du auch im Büro anwenden. Nimm dir hierfür einige Minuten Zeit, und gehe auf und ab oder eine längere Strecke am Stück. Vermeide es, am Schluss stehen zu bleiben. Setze dich direkt nach der Meditation auf deinen Stuhl, und spüre nach.

Stärke dein Bewusstsein im Alltag

Schalte deinen Autopiloten ab:
Beim Autopiloten handelt es sich um unser über die Jahre eingespieltes System, das ohne Nachdenken jeden Tag das Gleiche macht – ohne Überraschungen. Diese Zeiten erleben wir auch weniger bewusst – weil wir nicht mehr darüber nachdenken, was wir tun –, wir werden unachtsam.

Mache Dinge doch einmal bewusst anders als gewöhnlich: Schlafe auf der anderen Seite des Bettes, fange beim Zähneputzen mit der anderen Seite an, mache das Bett erst nach dem Duschen etc.

Nimm bewusst den Geschmack deiner Zahnpasta wahr. Wo auf der Zunge schmeckt sie eher süßlich, wo eher säuerlich? Wie fühlen sich deine Zähne nach dem Putzen an? Schön glatt, oder? Genieße dieses Gefühl.

Wie riecht dein Kaffee, welche Noten kannst du im Geruch entdecken? Kakao, Karamell, Vanille, Holz? Du musst kein Barista sein, um den köstlichen Geruch deines Kaffees zu beschreiben – fühle dich einfach hinein, und genieße.

Wie fühlt sich deine Bettwäsche an? Versuche doch einmal, das Bett anders zu falten als sonst. Stelle die Kissen anders auf. Benutze eine andere Tagesdecke.

Dr. Joe Dispenza sagte 2017 auf seinem »Progressive Workshop« in Rosenheim, an dem ich teilnahm: »Wenn du machst, was du immer gemacht hast, wirst du auch der bleiben, der du immer warst.«

Diese kleinen und recht einfachen Veränderungen in deinem Alltag führen dazu, dass auch du dich selbst veränderst. Du öffnest dich dem Unbekannten. Du siehst dich wieder neu, und du entdeckst deine Umgebung neu.

So kannst du auch die Meinung, dass du dich nicht mehr ändern wirst, beeinflussen. Kennst du diesen Gedanken? Kannst du dir vorstellen, was er mit deiner Intuition macht? Du kehrst sie einfach unter den Teppich. Deine Intuition versteckt sich vor dem Autopiloten, weil sie weiß, dass dieser ein ernst zu nehmender Gegner ist – eigens von dir selbst erschaffen.

Wenn wir also schon kleine Veränderungen bewirken und sehen, dass diese gar nicht so wehtun, kann sich unser Unterbewusstsein auch darauf einstellen. Veränderungen müssen nicht zwingend schmerzhaft sein. Einzig unsere Einstellung gegenüber Veränderung und die Angst vor dem Ungewissen können Schmerzen verursachen.

Entschleunige und entstresse deinen Alltag:
Ein japanisches Sprichwort sagt: »Wenn du es eilig hast, gehe langsam.«

Beim Entschleunigen hilfst du deinem Körper, sich zu entspannen und aus einer eventuellen Stressspirale auszubrechen.

In unserer heutigen Gesellschaft sind die Terminplaner täglich mit so vielen Dingen vollgepackt, dass diese einfach nicht alle zu schaffen sind. Denn wenn wir ehrlich sind, haben die wenigsten von uns einen persönlichen Assistenten, eine Nanny, Putzhilfe, Einkaufshilfe etc. Falls du all das hast, werden dich die nächsten Zeilen vermutlich langweilen. Wenn es dir wie mir geht, dann lies gern weiter: Ich wünsche mir oft acht Arme wie ein Oktopus und versuche, alle Aufgaben meines vielschichtigen Alltags spielend leicht allein zu meistern.

Wenn wir gestresst sind, fährt unser Körper herunter und erhält nur noch die wichtigsten Funktionen aufrecht. Wir laufen nicht mehr rund oder, wie es ein Werbespot für einen Schokoriegel darstellt, benehmen uns wie anstrengende Diven.

Unser Körper beginnt, das Stresshormon Cortisol auszuschütten. Cortisol hat nicht nur eine dämpfende Wirkung auf unser Immunsystem. Seine Ausschüttung führt dazu, dass wir aggressiv werden, Heißhunger entwickeln und nicht mehr klar denken können. Ursprünglich soll es uns in lebensbedrohlichen Situationen schützen, indem es schnell Energie für den Kampf oder die

Flucht bereitstellt. Dazu zieht das Hormon aus allem, was es im Körper findet, Energie.

Wird unser Körperfett allerdings nur zur Energieverwertung herangezogen, ohne aufgrund von körperlicher Arbeit (nämlich durch Stress, den sogenannten Flucht-oder-Kampf-Modus) verbrannt zu werden, wird es in der Leber und im Bauchbereich zwischengespeichert. Das kann zu einer Leberverfettung und ungleichmäßigen Fettverteilung führen.

Durch zu viel Stress altern wir schneller, haben einen erhöhten Blutdruck, schlechte Laune und eine verringerte Libido, da der Testosteronspiegel sinkt. Wir büßen dadurch einiges an Lebensqualität ein, und diese ist im Zuge der Selbstfürsorge sehr wichtig für den Draht zu unserer Intuition.

Stress entsteht unter anderem durch zu viele Aufgaben und Druck, zu wenig Schlaf, eine ungesunde Ernährung, einen ständig wechselnden Tagesrhythmus mit zu wenigen Auszeiten zum Entspannen.

Mache also »einfach« langsam – aber das ist gar nicht so einfach. Umso wichtiger ist es, dass wir neben der Me-Time auch eine Slow-Time schaffen. Also Zeit einplanen, in der wir langsam machen: langsamer gehen, kauen, reden, atmen usw. Meist geht das eine mit dem anderen einher und ergänzt sich somit ideal.

Wir können Stress bewusst reduzieren, indem wir:

- ▶ weniger, aber dafür realistische To-dos setzen,
- ▶ gut und ausreichend schlafen,
- ▶ ausgewogen und gesund essen und trinken,
- ▶ mehr Auszeiten für Entspannung einplanen,
- ▶ meditieren.

Tipp:

Wenn du merkst, dass dir gerade alles zu viel wird, kannst du ruhig in den Bauch atmen. Schließe dabei möglichst die Augen. Spüre, wie der Atem deinen Körper durchströmt, und beginne, in deinem Kopf langsam zu zählen. 21, 22, 23 … – werde dabei immer langsamer. Versuche, das verlangsamte Tempo auch bei deinen folgenden Aktivitäten beizubehalten.

Reduziere deinen Medienkonsum:

Schaust du Nachrichten? Hörst du Radio? Denkst du, du müsstest ständig über das Weltgeschehen informiert sein? Mal ehrlich, wie viel von dem, was du von all den Nachrichten behalten kannst, betrifft dich direkt? Vermutlich sehr wenig. Die meisten Menschen haben

Angst, nicht mehr mitreden zu können. Dabei können wir uns von den Fakten meist nur wenig merken – zumindest geht es mir trotz erhöhter Aufmerksamkeit so. Was aber bleibt, ist der Gedanke, die Welt geht morgen unter – so viel Gewalt, Krieg und Elend, wie in den Medien präsent sind. Seit 5 Jahren verzichte ich bewusst auf Nachrichten und lese nur noch gezielt das, was mich interessiert – z. B., dass Plastikstrohhalme verboten werden. Wenn Wahlen anstehen, informiere ich mich intensiv im Voraus. Da ich mit Menschen spreche, bekomme ich alles, was mich betrifft und wichtig für mich ist, am Rande mit und kann mich entscheiden, was davon ich genauer verfolgen möchte.

Allgemeine Tipps zur Stärkung deiner Intuition

Schreibe Notizen mit der Hand auf, verwende dazu, wenn möglich, nicht dein Smartphone. Das Bedienen und Berühren von »toten« Gegenständen stumpft uns ab (da muss ich schmunzeln, weil ich diese Zeilen gerade brav an der Tastatur meines Laptops tippe).

Gehe einmal ohne Einkaufszettel einkaufen. Ganz wichtig dabei: Du darfst nicht hungrig sein! Schaue bewusst in die Regale, und nimm mit, was dich gerade anspricht. Wähle einfach aus dem Bauch heraus. Die Rezepte für die eingekauften Lebensmittel kannst du dir zu Hause überlegen. Falls du etwas vergessen hast, macht es umso mehr Spaß, zu improvisieren. Da ich selbst mit Einkaufszettel meist gleich mehrere Dinge vergesse, bin ich in der Küche mittlerweile gezwungenermaßen eine Improvisationskünstlerin. Ich kann dir sagen: Es entstehen mitunter die tollsten Rezepte durch Unvorhergesehenes.

Verzichte darauf, eine Uhr zu tragen – du kannst dir Probetage dafür einrichten und es einmal testen. Die Uhr reißt dich aus dem Hier und Jetzt und lenkt ab. Ich habe früher nie Uhren getragen und wurde von meinem Umfeld oft darauf angesprochen. Irgendwann habe ich es mir angewöhnt und empfand es eher als störend. Dann begann ich, länger am Stück durch die Welt zu reisen, und habe wieder damit aufgehört. Was soll ich sagen – wieder in der westlichen Welt angekommen, bin ich ohne Uhr meist pünktlich. Unsere innere Uhr tickt nämlich ganz gut, und du wirst merken, wie entspannend es ist, nicht ständig unter einem künstlich hergestellten Zeitdruck zu stehen.

Monotasking statt Multitasking: Schon Konfuzius sagte: »Wer zwei Hasen jagt, wird keinen fangen!« Es dürfte uns mittlerweile allen bekannt sein, dass in der heutigen Zeit mit E-Mails, Handys und Bluetooth Multitasking nicht mehr zu bewältigen ist. Es bleibt immer ein Task auf der Strecke. Multitasking führt zu innerer Verwirrung, der Autopilot möchte sich einschalten, findet aber keinen Zugang, weil die Gedanken sich nur so hin und her bewegen von der einen komplexen Aufgabe zur anderen. Unser Körper kommt nicht mit der Umsetzung mit, und schon entsteht Chaos. Wie entspannend ist es, wenn wir uns nur um eine Aufgabe kümmern und diese sauber erledigen.

Die Yogapose Balasana (Kinderpose / Ruhepose des Kindes) ist eine einfache Übung, die du auch als Anfänger praktizieren kannst. Sie stärkt nicht nur deine Intuition, sie senkt ebenso deinen Blutdruck und reduziert Schwindel, Müdigkeit und Kopfschmerzen. Du kannst morgens direkt nach dem Aufstehen oder nach einem anstrengend Tag vor dem Schlafengehen üben.

Lege eine Decke oder Matte auf den Boden. Setze dich mit dem Po auf deine Fersen. Achte darauf, dass sich die großen Zehen berühren und deine Knie etwa hüftbreit auseinander auf dem Boden liegen. Beuge deinen Oberkörper so weit nach vorn, bis du deinen Bauch auf deinen Oberschenkeln ablegst. Strecke deine Arme nach vorn über den Kopf aus, und lege sie mit den Handflächen nach unten auf dem Boden ab. Alternativ kannst du deine Arme auch einfach neben dir am Boden mit den Handflächen nach oben ablegen. Achte darauf, dass deine Schultern nach unten sinken und entspannt sind. Drücke deine Stirn sanft auf den Boden. Wenn sich das unangenehm anfühlt, kannst du gern noch ein Kissen unterlegen. Es sollte bequem für dich sein. Atme gleichmäßig und ruhig in deinem Tempo ein und aus, und konzentriere dich ganz auf deinen Atem. Wenn du magst, schließe die Augen. Verweile so ein wenig, maximal aber ein paar Minuten.

Folge deinen
GEISTESBLITZEN

Wenn dir im Laufe des Tages wie aus dem Nichts etwas in den Sinn kommt, verfolge es, und schreibe es auf.

Manchmal gibt es solche Momente, in denen wir auf einmal einen Geistesblitz, einen »Download«, bekommen. Diese Eingebungen wollen uns etwas mitteilen. Spüre dem Ganzen nach, und erforsche, was die Idee mit deinem jetzigen Leben zu tun hat und ob sie Anklang in dir findet.

Elizabeth Gilbert berichtet in ihrem Buch »Big Magic«, dass sie von einer Idee für ein Projekt heimgesucht wurde. Die Idee kam ihr einfach so, aus dem Nichts. Sie begann, die Idee umzusetzen und ein Buch zu schreiben, kam damit aber nie richtig in die Gänge und hat das Manuskript irgendwann wieder in die Schublade verbannt. Jahre später lernte sie auf einer Lesung eine Frau kennen. Die beiden freundeten sich an, und es stellte sich heraus, dass diese neue Freundin ein Buch geschrieben hatte – einen Bestseller über genau dasselbe Thema, mit genau denselben Eckdaten. Spooky, oder? Elizabeth Gilbert konnte die Idee nicht umsetzen, und da hat sich die Idee einen neuen Meister gesucht.

Ideen kommen und gehen also. Wenn wir sie nicht festhalten und nichts daraus machen, suchen sie sich jemand anderen. Das zwingt uns allerdings auch dazu, an unseren Träumen festzuhalten und sie zu realisieren. Meiner Meinung nach ist jeder Traum dazu da, umgesetzt zu werden. Natürlich müssen wir die Ressourcen dafür bereitstellen: Geld, Manpower, bestimmte Fähigkeiten. Aber alles ist möglich!

Zu diesem Thema habe ich ein interessantes Interview mit der Spitzenkandidatin einer Partei geführt.

Die Idee zu einer eigenen Partei kam der Gruppe von Yogis eines Abends. Sie unterhielten sich darüber, in welcher Welt sie ihre Kinder groß werden sehen wollten. Eines stand fest: in einem Deutschland wie im Jahr 2013 auf keinen Fall. Aber auf Veränderung warten? Nein. Sie selbst wollten etwas verändern. Somit war die Partei gegründet. Gleich nach dem Start fanden sich die Gründer vor einer größeren Herausforderung. Sie brauchten einen Parteisitz. Das traf sich grundsätzlich ganz gut, denn sie hatten auch vor, ein Yogazentrum zu errichten. Ein passendes Haus war schnell gefunden, aber die notwendige Summe musste innerhalb einiger Wochen aufgetrieben werden, und es gab kein Eigenkapital. Sie waren sich aber sicher, dass das Universum ihnen bei der Aufgabe zur Seite stehen würde, und vertraten die Meinung: »Es ist keine Frage, ob, sondern nur, wie wir das Haus kaufen können.«

Sie zogen los, verteilten Gutscheine für Yogastunden und bekamen dadurch viele Spenden. Auf diese Weise erhielten sie ausreichend Eigenkapital, um die restliche Summe über einen Kredit zu decken.

Diese Beispiele beweisen: Wenn du deiner Vision folgst, daran glaubst und darauf hinarbeitest, wächst sie.

Lasse sie nicht los, fange sie ein.

Tipp:

Trage immer ein kleines Notizbuch und einen Stift bei dir. Ich habe oftmals die Erfahrung gemacht, dass manche Gedanken genauso schnell wieder gehen, wie sie gekommen sind. Als wären sie auf der Suche nach jemandem, der sie festhält und sie in die Tat umsetzt.

Eines Tages musst du aufhören,
die Bücher anderer zu lesen, um
dein eigenes zu schreiben.

ALBERT EINSTEIN

Intuitives
SCHREIBEN

Wenn wir Gedanken aufschreiben, manifestieren wir sie. Das intuitive oder automatische Schreiben ist sehr hilfreich, wenn du dich wieder mehr mit deiner Intuition verbinden möchtest.

Ich schreibe häufig und sehr viel und kann aus Erfahrung sagen, dass es eine sehr gute Möglichkeit ist, deine innere Stimme zu aktivieren. Oftmals schreibe ich Dinge und Sätze nieder, von denen ich gar nicht wusste, dass ich sie weiß. Es fließt einfach so aus mir heraus, und ich kann nicht sagen, ob sich das Herz oder der Verstand zu Wort meldet – sie arbeiten eng Hand in Hand.

Schreiben hat also eine durchaus meditative Wirkung. Vielleicht kommt dir beim Schreiben auch der ein oder andere neue Gedanke. Erlaube deinen Gedanken, zu fließen, und vielleicht sogar, aus dir hinauszusprudeln.

Nimm dir ein Blatt Papier und einen Stift. Stelle sicher, dass du für eine gewisse Zeit ungestört bist.

Anleitung

- ▶ Atme durch die Nase tief in den Bauch hinein.
- ▶ Sage dir: »Ich lasse los und öffne mich. Ich gebe mich meiner Intuition hin.«
- ▶ Atme durch den Mund wieder aus. Lasse los.
- ▶ Wiederhole diesen Vorgang drei Mal.

Du kannst den Satz zuerst auch nur in Gedanken sprechen. Vielleicht bewegst du deine Lippen dazu. Es kann sich anfangs sehr ungewohnt anfühlen, und vielleicht schämst du dich ein wenig. Ich verstehe das. Es soll sich auf jeden Fall authentisch für dich anfühlen, schließlich reden wir hier über unsere individuelle Intuition.

Konzentriere dich auf die Frage, die dich momentan beschäftigt. Ich empfinde es als hilfreich, die Frage mit auf das Blatt zu schreiben. Warte einfach, bis sich deine Hand regt und von allein zu schreiben beginnt. Es gibt Tage, an denen wird es nicht gleich oder vielleicht auch überhaupt nicht klappen. Sei geduldig, und versuche, zu entspannen. Manchmal sind wir einfach noch nicht bereit für die Antwort.

Die Lösung kommt dann meist auf einem anderen Weg zu dir, durch Gespräche, Eingebungen in der Natur oder ein Lied, das du »zufällig« hörst.

Streiche mit den Fingern behutsam über das Geschriebene, und spüre dabei tief in dich hinein.

Ein zeitlicher Abstand zwischen dem Schreiben und dem erneuten Lesen kann die Dinge in einem anderen Licht erscheinen lassen. Oftmals können wir Gedanken erst im Nachhinein für uns ordnen und werten.

Tipp:

Deine Gedanken wollen von dir gehört werden. Wenn du sie aufschreibst, kannst du sie anschließend nach Wichtigkeit sortieren. Das bringt ein wenig Ordnung in ein bestehendes Gedankenchaos.

Höre auf *deinen Körper.*
Er weiß, was er
braucht.

Höre auf deinen
KÖRPER

Spürst du etwas in deinem Bauch, Kopf, Nacken oder in deinem Brustbereich? Wie äußert sich das körperliche Gefühl? Fühlt es sich gefährlich oder unangenehm an? Oder bist du aufgeregt und hast Schmetterlinge im Bauch?

Das alles sind sogenannte somatische Marker. Sie machen sich bemerkbar, wenn sich etwas in unserem Körper regt. Emotionale Erfahrungen sind im Menschen verkörpert und beeinflussen so unsere Entscheidungen. Unser Unterbewusstsein spricht zu uns, indem es sich über den Körper äußert. Alle Antworten liegen bereits in uns. Wir wurden mit allem ausgestattet, was wir zum (Über-)Leben brauchen.

Wenn du also Entscheidungen zu treffen hast, ist es immer hilfreich, deine somatischen Marker zu beobachten. Falls für die Entscheidungsfindung mehrere Optionen zur Verfügung stehen, frage dein Umfeld, ob es dich beobachten möchte. Erzähle von den verschiedenen Auswahlmöglichkeiten, und lasse dir von deinen Lieben deine Körperhaltung spiegeln.

Manchmal nehmen wir unsere somatischen Marker selbst nicht ausreichend wahr, weil wir von vielerlei Dingen im Außen abgelenkt sind und keine Verbindung zu uns selbst spüren. Unser Umfeld allerdings sieht, wie wir uns bewegen, wie unsere Haltung sich ändert oder unsere Augen zu strahlen beginnen.

Auch deine Hände können dir bei der Entscheidungs-findung und der Verbindung mit deiner Intuition hel-fen. Diese Technik hat mir ein Stressmanager gezeigt, mit dem ich vor ein paar Jahren in der Flüchtlingshilfe gearbeitet habe.

Jede Hand steht für eine Entscheidungsmöglichkeit oder Alternative zu deiner Frage. Deine Intuition wird die Hand schwerer werden lassen, die die für dich richti-ge (eher intuitive) Antwort bereithält. Winkle dafür die Arme im 90-Grad-Winkel zum Oberkörper an. Spüre in sie hinein, und nimm wahr (ohne den Verstand ein-zusetzen – nicht schummeln!), ob die linke oder rechte Hand schwerer wird und nach unten sinken möchte.

Alternativ kann dich jemand bei dieser Übung un-terstützen, indem er deine Arme nacheinander nach unten drückt und beobachtet, welcher sich leichter oder schwerer drücken lässt.

Beim Barfußlaufen werden die Füße stimuliert, was sich positiv auf die inneren Organe auswirkt. Das Immunsystem wird gestärkt, deine Haltung verbessert sich, und Krampfadern werden vorgebeugt oder minimiert. Ziehe die Schuhe aus, sooft es geht! Schuhe führen dazu, dass unsere Fußmuskeln nicht mehr richtig trainiert werden, und das kann wiederum zu Fehlstellungen führen.

Als ich während einer meiner Reisen eine kleine Insel in Indonesien besuchte, gingen meine Schuhe kaputt. Es gab dort keine zu kaufen, also lief ich zwei Wochen lang barfuß durch die Gegend. Es fühlt sich so intensiv an. Es erdet dich, und du bist viel stärker mit der Natur verbunden! Sei einmal ehrlich – es gehört doch zu den schönsten Gefühlen überhaupt, Gras unter den nackten Füßen zu spüren, oder?

Tipp:

Wenn du sehr nervös bist, stelle dich aufrecht und barfuß auf den Boden. Nimm den Untergrund ganz bewusst wahr, und atme drei Mal tief ein und aus. Danach fühlst du dich wieder verbunden, bist ruhiger und hast mehr Selbstvertrauen.

Du solltest deinen Körper immer miteinbeziehen. Wenn du bei einer Entscheidung ein komisches Gefühl hast, stimmt vermutlich etwas nicht. Passt der Zeitpunkt oder der Ort nicht? Oder ist das, was du zu tun müssen glaubst, einfach nicht deins? Versuche, in dich hineinzuspüren und den »Fehler im System« zu finden. Wenn du ihn gefunden hast, kannst du ihn korrigieren.

Frage dich auch, was schlimmstenfalls passieren könnte, wenn du eine Entscheidung fällst und es vielleicht nicht die richtige für dich ist. So nimmst du dir die Angst, die mit deiner Entscheidung einhergeht. Diese Angst blockiert dich eventuell sogar dabei, überhaupt Entscheidungen zu treffen.

Ohne Emotionen kann man Dunkelheit nicht in *Licht* und Apathie nicht in *Bewegung* umwandeln.

CARL GUSTAV JUNG

LASSE DEINE
Gefühle zu

Ein intuitives Leben setzt definitiv auch voraus, dass du dir deiner selbst und deiner Gefühle bewusst bist. Es ist nicht immer einfach, die eigenen Gefühle zuzulassen und auf sie zu hören. Zu erspüren, was unsere Bedürfnisse und Ängste sind, erfordert Arbeit und Zeit.

In unserer Gesellschaft wird das Zeigen von Gefühlen eher abgelehnt. Daraus können sich schnell Glaubenssätze entwickeln. Z.B. der, dass das Ausdrücken von Gefühlen ein Zeichen von Schwäche ist. Oder, dass man sich eine harte Schale aneignen muss, um zu überleben. Jedoch sind unsere Gefühle Ausdruck unseres Selbst und unseres Wohlbefindens. Unser Körper äußert Signale in Form von Gefühlen, er spricht mit uns. Es ist ein Prozess, diese Glaubensmuster umzuprogrammieren.

Wenn du allerdings einmal damit begonnen hast, dich selbst zu erkunden, kannst du fast nicht mehr anders, als dich regelmäßig zurückzunehmen und zu reflektieren.

Gerade wenn du beginnst, zu meditieren, kommen oftmals Gefühle hoch. Lasse sie zu und vor allem: RAUS. Wut, Trauer, Neid, das sind ganz normale Gefühle, die wir alle haben. Sie sind nicht angenehm, und manchmal bedarf es eines Abwehrmechanismus, damit wir unseren Alltag bestreiten können. Doch allzu lange sollten sie nicht unterdrückt werden, denn das Zurückhalten von Emotionen verursacht innere Blockaden, die Energie kann nicht mehr richtig fließen. Depressionen, Burn-out, Schlafstörungen oder Muskel- und Gelenkbeschwerden können dadurch entstehen.

Wenn du deine angestauten Emotionen an die Oberfläche bringst und mit ihnen arbeitest, also hineinspürst und erkennst, was sie dir sagen möchten, können sich diese Blockaden lösen.

Versuche, deine Emotionen als Gäste zu betrachten. Sie kommen dich besuchen, um dir eine Botschaft mitzuteilen. Sei ein freundlicher Gastgeber, und begrüße sie ohne Vorurteile. Bewerte sie nicht, sie sind einfach da. Stelle dir vor, du nimmst sie in den Arm. »Hallo, Angst. Hallo, Neid. Hallo, Trauer. Was wollt ihr mir heute sagen?«

Beobachte:
- ▶ Wo befindet sich dieses Gefühl gerade in deinem Körper?
- ▶ Wie genau fühlt es sich an? Schnürt es dir die Luft ab, herrscht Enge im Brustkorb, spürst du einen Druck im Magen?

► Welche Form hat dieses Gefühl?
► Hat es eine Farbe?
► Was will dir dieses Gefühl sagen?
► Was zeigt dir dieses Gefühl?
► Weshalb ist das Gefühl da?

Das kann ein längerer Prozess sein, habe Geduld. Gehe in deinem Tempo und mit deiner Intensität vor. Eventuell nutzt du in solchen Momenten auch die Gunst der Stunde und schreibst dir alles von der Seele (siehe Kapitel »Intuitives Schreiben«, S. 74).

Übung:

Nimm dir einen Tag in der Woche/im Monat nur für dich. An diesem Tag gibt es nur dich und die Natur, keine großartigen Störquellen, keine langen Telefonate usw.

Versuche, in dich hineinzuspüren, achtsam durch die Natur zu gehen, zu meditieren, zu schreiben, zu malen, was auch immer dir guttut und dir einfällt.

So lernst du, wieder achtsam mit dir umzugehen und dich mehr zu spüren, mehr zu hören.

Wenn du durch deinen Wohnort oder eine neue Stadt (z. B. auf Reisen) gehst, versuche, dein Bauchgefühl zu aktivieren, und gehe intuitiv durch die Gassen. Verwende keine bekannten Wege, eine Karte oder Google Maps.

Höre auf deine Eingebungen. Du möchtest einen Kaffee trinken? Dann gehe in das nächste Café auf deinem Weg.

Als ich in Zentralamerika unterwegs war, hatte ich schon ein komisches Gefühl, als Frau so ganz allein. Ich war auf dem Weg von Tulum zur »Laguna de Bacalar«, der Lagune der sieben Farben. An diesem Tag nahm ich den Bus und kam erst am späten Nachmittag am Zielort an. Was ich erst bei meiner Ankunft bemerkte: Ich hatte ein Zimmer in einem dreckigen und heruntergekommenen Hippie-Hostel gemietet. Ich habe kein Problem mit dem einfachen Leben, allerdings war mir das damals zu extrem, und ich konnte mich nicht mit den Leuten dort identifizieren. Es fuhr kein Taxi, daher musste ich ein paar Kilometer zu Fuß zur nächsten Unterkunft laufen, und es wurde schon dunkel. Ich ging durch kleine Gassen, in denen Kinder mit einem Ball spielten – ab und zu fuhr ein Auto an mir vorbei. Dann bog ich ab, und die Straße gefiel mir überhaupt nicht. Ich ging mit einem mulmigen Gefühl die Straße entlang, als ein Auto mit schwarz getönten Scheiben auf mich zufuhr. Es wurde immer langsamer, und ich bekam Herzrasen. Das Einzige, was mir übrig blieb, war, zu laufen. Irgendwann traf ich wieder auf die Hauptstraße, wo zum Glück auch gerade ein Taxi kam. Der Fahrer meinte, er wüsste nicht, wo das Hostel liegt, und fuhr los. Ich bekam wieder etwas Angst, doch mir blieb nichts anderes übrig, als ihm zu vertrauen. Nach ein paar Minuten fanden wir die Unterkunft, und ich war total erleichtert, weil sie sehr schön und direkt an der Lagune gelegen war.

Keine Stunde später saß ich mit ein paar aufgeschlossenen Backpackern zusammen aß zu Abend. Ich fand heraus, dass sie am nächsten Tag weiter nach Belize fahren wollten – kurzerhand entschloss ich mich, mitzureisen. Ich war nur eine Nacht in Bacalar, dem Ort, von dem so viele Menschen schwärmen. Für mich war er rein gar nichts.

Die Verkettung von dieser und weiteren intuitiv getroffenen Entscheidungen während meiner Reise hat letzten Endes dazu geführt, dass ich an einem völlig überfüllten Busbahnhof in Belize City meine Seelenverwandten kennenlernen durfte. Wir reisten noch ein paar Wochen gemeinsam durch Belize und Guatemala und stehen seit über 3 Jahren kontinuierlich in Kontakt. Ich liebe diese zwei und kann gar nicht in Worte fassen, was für ein tolles Geschenk mir meine Intuition mit diesen wunderbaren Menschen gemacht hat!

KÜMMERE DICH
um deine Bedürfnisse

Wenn wir uns um unsere innere Stimme kümmern wollen, sollten wir ebenso lernen, wieder auf unsere Bedürfnisse zu achten.

Die Ursache dafür, dass wir unsere Bedürfnisse oftmals nicht mehr wahrnehmen, liegt meist in der Kindheit. Einige von uns haben gelernt, dass sie von anderen nicht gemocht werden, wenn sie so sind, wie sie sind. Durftest du deine Wut rauslassen, als du klein warst? Konntest du immer essen, wenn du hungrig warst? Hast du laut gesungen, wenn dir danach war? War es dir erlaubt, in Pfützen und im Matsch zu spielen?

Dadurch, dass wir erzählt bekommen, was »man tut« und was »man nicht tut«, wird uns von außen auferlegt, wie wir zu sein haben. Das führt dazu, dass wir werden, wie andere uns haben wollen, und aufhören, so zu sein, wie wir eben sind. Wir verlernen, auf unsere eigenen Bedürfnisse zu hören, da wir die unserer Eltern, unserer Lehrer, unserer Partner, unserer Chefs, die der Gesellschaft erfüllen wollen.

Wir müssen erkennen, was wir selbst wollen. Dabei ist es auch wichtig, Grenzen zu setzen und Nein zu sagen. Wie leicht fällt es dir, Nein zu anderen und somit Ja zu dir selbst zu sagen? Wie einfach ist es für dich, ein Date mit deinen Freunden abzusagen, weil du müde oder einfach geschafft bist?

Die gute Nachricht ist: Was wir verlernen, können wir auch wieder neu lernen. Auch wenn es harte Arbeit bedeutet. Bei meinen Klienten kommt es immer wieder vor, dass sie ein schlechtes Gewissen haben, wenn sie sich etwas Gutes tun. Das macht mich sehr traurig. Ich weiß aber auch, dass das geändert werden kann, wenn wir bereit dazu sind.

Selbstfürsorge bedeutet, selbst gut für sich zu sorgen, ohne das eigene Wohl von anderen abhängig zu machen.

Anzeichen dafür, dass wir nicht gut für uns sorgen, sind:
► Gereiztheit
► Müdigkeit
► Stress

- körperliche und seelische Krankheiten (wie z. B. Burn-out, Kopfschmerzen etc.)
- Unterzucker (denke an die Schokoriegel-Werbung)
- sich ungeliebt und unzureichend fühlen

Die eigenen Bedürfnisse wahrnehmen

Nimm deine Bedürfnisse wahr, spüre sie, und ändere etwas an deinem Verhalten. Du kannst dir Folgendes zur goldenen Regel machen: Immer wenn du dich nicht gut fühlst, wird ein Bedürfnis nicht erfüllt.

Fühlst du dich gereizt? Was dir fehlen könnte, ist: Schlaf, Zeit für dich, etwas zu essen …

Fühlst du dich einsam? Was dir fehlen könnte, ist: Zuneigung (deine eigene); dass sich jemand (nämlich du) um dich kümmert; die Fähigkeit, mit dir allein sein zu können, da du deine Gesellschaft eventuell ablehnst und die anderer bevorzugst.

Fühlst du dich gestresst? Was dir fehlen könnte, ist: der Mut, Nein zu Überstunden, Mehrarbeit, mehreren Aktivitäten gleichzeitig zu sagen; der Mut, Aufgaben zu delegieren, aus Angst, andere seien dann sauer auf dich oder selbst überfordert.

Merkst du nun, warum es durchaus auch ein Stück Arbeit ist, sich um seine eigenen Bedürfnisse zu kümmern? Wir sind in der Pflicht, unsere Schatten genau anzusehen und sie aufzuspüren. Wir müssen die Scham überwinden, den Schmerz spüren und dann beides hinter uns lassen.

Die eigenen Bedürfnisse erfüllen

Hast du das Defizit aufgedeckt, ist es an der Zeit, dein Bedürfnis zu erfüllen. Das kann auch spielerisch erfolgen.

Wie hört sich für dich ein »Me-Date« an? Ein Date nur mit dir selbst. Ein Date, das du dir am besten gleich in deinen Terminkalender einträgst, damit du dir nicht selbst in die Quere kommst und es wieder absagst. Lasse dir Badewasser ein, gönne dir eine Massage, gehe in ein Spa, kaufe dein Lieblingsessen …

Gestalte einen ganzen Tag nach deinen Vorlieben. Meinen Klienten gebe ich in diesen Fällen die Glücksbibliothek mit auf den Weg. Die Glücksbibliothek beinhaltet nur das, was dich fröhlich stimmt. TV-Serien, Filme, Musik, Bücher, Podcasts etc. Eine Vorlage findest du unter: www.serenity-therapy.com

Die eigenen Bedürfnisse schützen

Langfristig ist es wichtig, dass du dich davor schützt, wieder rückfällig zu werden. Es gibt Situationen, in denen es schwerfällt, die eigenen Bedürfnisse vor allen anderen zu achten.

Vielleicht hast du schon von Energievampiren gehört? Das sind Personen, die aufgrund ihrer Leidenssituation anderen durch Jammern und lange Monologe viel Energie rauben. Hier gilt es, schnell die eigenen Grenzen zu wahren und auch einmal »Stopp, entschuldige bitte, aber ich habe gerade keine Zeit – ich habe ein (Me-)Date« zu sagen. Solche Menschen kosten uns unglaublich viel Energie. Gerade, wenn du in einer Phase bist, in der du wenig Energie hast, kann das sehr schädlich für dich sein. Die eigenen Grenzen zu wahren, ist das A und O für eine gesunde Beziehung zu dir selbst.

Öffne der Veränderung deine Arme, aber verliere dabei nicht deine Werte aus den Augen.

DALAI LAMA

WERDE DIR DEINER
Werte bewusst

Wer seine wahren Werte kennt, kann ein erfülltes Leben führen. Aus deinen persönlichen Werten ergeben sich Ziele, für die es sich zu leben und zu kämpfen lohnt. Auch wenn ich das Wort »kämpfen« nicht so gern benutze. Ich gebe diesem Wort hier eher die Bedeutung »für etwas einstehen«.

Du erkennst anhand deiner Werte sehr schnell, was du vom Leben willst und was nicht.

Was dein Herz zum Hüpfen bringt, ist im Einklang mit deinen Werten. Das hat auch etwas mit deinem Lebensplan, deiner individuellen »Aufgabe« hier auf Erden zu tun.

Zuerst aber zu deinen individuellen Werten. Wie findest du sie heraus?

Erstelle eine Liste aller Dinge, die dir im Leben überaus wichtig sind (du findest eine Tabelle mit einigen Werten auf S. 98). Es sollten Werte sein, mit denen du ein stark positives Gefühl verbindest.

Unterscheide hierbei zwischen Werten, von denen du denkst, dass sie wichtig sein sollten, und Werten, die dir persönlich wirklich wichtig sind. Vorsicht ist vor allem bei Werten geboten, die von der Gesellschaft als positiv angesehen werden. Z. B. der Wert »Disziplin«. Klar ist es hilfreich, diszipliniert zu sein – aber befindet sich dieser Wert unter deinen persönlichen Top 5? Suche Werte heraus, die dich bewegen, die in dir sofort ein warmes Gefühl hervorrufen. Das kann gern ein paar Runden dauern, bis du für dich herausfindest, was dir wirklich wichtig ist. Ich habe damals so angefangen, dass ich Sternchen verteilt habe. Ein Stern, wenn der Wert wichtig war, und zwei Sternchen, wenn ich diese Werte als für mich lebensnotwendig empfunden habe.

Versuche nun, die herausgefilterten Werte zu priorisieren, sodass du am Ende auf fünf Werte, deine sogenannten Core Values kommst. Vergib die Plätze 1–5. Am Schluss hast du deinen allerwichtigsten Wert vor Augen.

Stelle nun deine Core Values in einem Kreis gegenüber – du stehst in der Mitte des Kreises. Notiere dir die Nummern der Werte, damit du sie noch einmal vor Augen hast. Das ist dein Werte-Kompass, den du immer verwenden kannst, wenn eine wichtige Entscheidung ansteht und du das Gefühl hast, nicht weiterzuwissen. Verbinde dich mit all deinen Werten, und stelle sicher, dass keiner unter der Entscheidung leidet. Du musst auf nichts mehr warten, um nach deinen Werten zu leben. Du kannst sie in deine Meditationen einfließen lassen, in deine Visualisierungen einbinden und bei deinen nächsten Handlungen miteinbeziehen.

Wenn du »Fürsorglichkeit« als einen core value gewählt hast, kannst du im Alltag immer wieder in dein Herz hineinspüren und fürsorglich mit deinen Mitmenschen umgehen. Z. B. kannst du der Bäckerin ein Lächeln schenken und ihr liebevoll einen »guten Morgen« wünschen.

Wer seine Werte kennt, kann seinen sogenannten Werte-Kompass nutzen (du kannst ihn dir unter www.serenity-therapy.com/wertekompass downloaden). Der Werte-Kompass führt dich durch ein Leben bewusst getroffener Entscheidungen.

Indem du deine Werte lebst, ziehst du auch mehr davon in dein Leben. Das beschreibt das Gesetz der Anziehung. Im Einklang mit deinen Werten zu leben, bedeutet, ein zufriedenes und authentisches Leben zu führen. Deine Werte bringen dich deiner individuellen Bestimmung hier auf Erden näher.

Warum die eigenen Werte dafür so wichtig sind, deiner Vision näher zu kommen, möchte ich dir anhand folgenden Beispiels aus meiner Arbeit erläutern.

Ich habe mit einer jungen Frau gearbeitet, die auf der Suche nach einem neuen Job und auch offen für Neues war. Sie wusste aber nicht, wohin sie gehen wollte. So haben wir ihre Werte herausgearbeitet.

Ihre Core Values waren:

► Empathie
► Anerkennung
► Leidenschaft
► Zuverlässigkeit
► Fürsorglichkeit

Nach einer weiteren Sitzung war klar, dass sie gar nicht mehr in ihrem alten Beruf arbeiten wollte. Es kam für sie nicht mehr infrage, im Marketing zu arbeiten und Menschen irgendetwas »anzudrehen«, weil es nicht ihren Werten entsprach. Sie wollte mit leidenschaftlich engagierten Menschen zusammenarbeiten, die sich gemeinsam für den guten Zweck einsetzen. Als sie mir das erzählte, strahlten ihre Augen, ihre Körperhaltung war aufrecht und ihre Stimme klar und deutlich.

Es ging nicht, wie vorher angenommen, um den Ort, an dem sie arbeiten würde oder um das Tätigkeitsfeld. Es ging darum, ein Leben nach ihren Werten zu gestalten.

Werte – eine Aufstellung

Achtsamkeit
Aufmerksamkeit
Authentizität
Beharrlichkeit
Bescheidenheit
Besonnenheit
Dankbarkeit
Demut
Disziplin
Effektivität
Ehrlichkeit
Empathie
Fairness
Flexibilität
Fürsorge
Gerechtigkeit
Glaubwürdigkeit
Güte
Harmonie
Hilfsbereitschaft
Höflichkeit
Idealismus
Inspiration
Intuition

Konservatismus
Kontrolle
Kreativität
Leidenschaft
Leichtigkeit
Loyalität
Mitgefühl
Motivation
Mut
Nachhaltigkeit
Nächstenliebe
Neutralität
Offenheit
Optimismus
Ordnungssinn
Pflichtgefühl
Pragmatik
Pünktlichkeit
Realismus
Respekt
Rücksichtnahme
Selbstvertrauen
Sorgfalt
Standhaftigkeit

Toleranz
Treue
Tüchtigkeit
Unabhängigkeit
Unbestechlichkeit
Verantwortung
Verlässlichkeit
Vertrauen
Weisheit
Weitsicht
Würde
Zielstrebigkeit
Zuverlässigkeit
Zuversicht

Lasse los

Versuche nun jeden Tag, im Einklang mit deinen Werten zu leben, und sei offen für Neues. Lasse alten Ballast los, der dir nicht mehr nutzt oder guttut.

Dinge, die wir horten, aber nicht verwenden, blockieren unsere Energie gewaltig. Stelle dir einen Raum voller Dinge vor, die dir irgendwann einmal wichtig waren, die nun aber schon seit einer Ewigkeit einstauben und ihren Nutzen für dich verloren haben. Diese Gegenstände ziehen deine Energie ab, sie stellen ökonomisch gesehen totes Kapital dar. Je mehr unbenutzte Dinge in unserer Umgebung stehen, desto weniger Platz bleibt für Inspiration, für neue frische Gedanken, für Neues generell. Unsere Seele braucht Platz, damit wir sie baumeln lassen können.

Ich habe als Kind schon sehr früh gelernt, materiellen Besitz loszulassen, denn meine Mama und ich sind oft umgezogen, bis wir endlich unser Nest gefunden hatten. Ich kann mich gut an Sätze erinnern wie: »Alexandra, möchtest du das wirklich behalten? Vielleicht sollten wir mal wieder ausmisten?!« Bitte nicht falsch verstehen, meine Mama hat mir nichts genommen, was ich nicht zu geben bereit gewesen wäre. Aber sie hat mir klargemacht, dass es nichts bringt, an materiellem Besitz festzuhalten. Ebenso hat sie mir beigebracht, dass meine Sachen anderen noch viel Freude bereiten können. So haben wir schon immer Dinge gespendet oder auf dem Flohmarkt verkauft. Ich habe gelernt, wie viel Spaß es machen kann, Altes loszulassen, um Platz für Neues zu schaffen. Und je mehr wir loslassen, desto mehr Platz schaffen wir!

Nimm dir Zeit

Nimm dir einen Tag oder ein paar Stunden Zeit, in denen du bewusst entrümpelst. Setze dir am besten einen Termin, dein Decluttering-Date sozusagen. Mache dir deinen Lieblingstee, höre gute Musik, die dich antreibt und in gute Laune versetzt. Los geht's!

Schaffe Struktur

Plane Stück für Stück. Entrümpele immer nur einen bestimmten Raum oder Gegenstand.

Das Bad:

Nimm dir alle Gegenstände vor, die vielleicht schon schlecht geworden sind, und werfe sie weg. Altes Make-up, Duschgel, Bodylotion, Sonnencreme etc. Alle angebrochenen Sachen kannst du in der nächsten Zeit eins nach dem anderen aufbrauchen. Erst das eine Duschgel, dann das nächste, und so weiter. Sonst wird es nie leer, und du baust eine immer größere Duschgel-Sammlung auf – alles schon gesehen.

Dein unglaublich volles E-Mail-Postfach:

Wie viele ungelesene und unwichtige E-Mails sind bei dir in den letzten Jahren aufgelaufen? Am besten nimmst du Newsletter in Angriff, die du nicht mehr liest – hoffentlich gehört meiner nicht dazu –, dann gibst du den Titel in der Suche ein und löschst all diese Werbe-Mails auf einmal. So gehst du strukturiert mit allen Absendern vor, die unwichtige Informationen für dich enthalten, und löschst diese nach und nach aus deinem Postfach.

Der Kleiderschrank:

Ja, das mag manche Frau und übrigens auch manchen Mann ins Schwitzen bringen. Aber sind wir einmal ehrlich: Wie viele Teile verstecken sich im Schrank, die nie getragen werden? Jedes Mal denken wir: »Ooooch, das kann ich sicher noch gebrauchen. Vielleicht für eine Hochzeit in Brasilien, die mitten im Dschungel stattfindet.« Du weißt vermutlich, was ich meine, oder? Die altbewährte Regel hierfür lautet: Alles, was du seit einem Jahr oder länger nicht getragen hast, trägst du vermutlich nie wieder.

Nimm dir eine oder zwei Stunden Zeit, packe die Kleidung zusammen, und bringe sie zur Altkleidersammlung, oder lagere sie bei den Flohmarktsachen. Kleiderkreisel oder Ebay sind eventuell auch eine Option für dich. Ordne nun deine Kleidung nach Themen: also Hosen zu Hosen, Jacken zu Jacken, Blusen zu Blusen und so weiter. So behältst du künftig einen guten Überblick über deinen Besitz.

Übernimm dich nicht

Erledige am besten immer nur einen Teil an einem Tag, und setze dann einen Haken dahinter, wenn du damit fertig bist. An einem Tag kümmerst du dich um das Bad, am anderen um deine Kleidung und wiederum an einem anderen um deine unbenutzten Apps auf dem Handy, die gelöscht werden können. So bleibst du motiviert und läufst nicht Gefahr, dir zu viel zuzumuten und schon am Anfang zu denken, dass du es nicht bewältigen kannst.

Belohne dich nach einer erfolgreichen Entrümpelungsaktion

Verabrede dich mit deiner besten Freundin/deinem besten Freund, gehe mit deinem Partner aus, oder mache es dir gemütlich, lasse dir ein schönes Bad ein – mit allem, was dazu gehört!

Die Energie wird sich schon während des Ausmistens bei dem Gedanken an die spätere Belohnung ins Positive wandeln.

Schätze deinen neu gewonnenen Freiraum

Behalte deinen Besitz im Auge, und sorge vor, damit du nicht wieder so viel anhäufst. Wenn dein Geburtstag oder Weihnachten vor der Tür steht und dich jemand fragt, was er dir schenken kann, grenze Dinge aus, die du schon besitzt – z. B. Parfums.

Überlege dir bei Spontankäufen, ob du die Sachen wirklich brauchst oder ob du das Geld nicht lieber für die nächste Reise, den nächsten Weiterbildungsworkshop oder für ein schönes Abendessen ausgeben möchtest.

Tipp:

Meide Fußgängerzonen und Kaufhäuser. So läufst du nicht Gefahr, unnötige Dinge zu kaufen. Alles, was wir wirklich brauchen, kommt uns sowieso in den Sinn und wird dann gezielt besorgt.

ÖFFNE DICH
dem Universum

Das hört sich für den ein oder anderen vielleicht etwas esoterisch an. Glaube mir, vor ein paar Jahren hättest du mich damit jagen können. Ich meine damit spirituelle Theorien, die ich seit etwa vier Jahren auch in mein Leben einfließen lasse. Es hat mir geholfen, meine Depression nachhaltig zu heilen und trotz sehr chaotischer und trauriger Nachbeben ein zufriedenes Leben zu führen.

Was genau meine ich damit?

Manchmal gehe ich ganz allein spazieren. Ich befinde mich dann in einem meditativen Zustand und beobachte einfach nur so meine Gedanken. Es passiert hier und da, dass mir unglaublich kraftvolle Ideen kommen. Ideen, die so präsent sind, dass ich schon alle Bilder dazu im Kopf habe, als befände ich mich bereits in der Zukunft, in diesem Moment, von dem ich gerade »träume«.

Das ist etwas, was man als Vision, als Download vom Universum, bezeichnen könnte. Du bekommst eine Idee einfach so geschickt (siehe Kapitel »Folge deinen Geistesblitzen«, S. 70).

Nun verfolge die Idee. Jedes kleine Zeichen auf deinem Weg, ein Blatt, ein Lächeln, ein »Danke«, eine verschlossene Tür – all das kann dazu führen, dass du dich mehr und mehr fühlst, als wärst du bereits bewusst auf deiner Mission. Es ist ein unglaublich tolles und bestärkendes Gefühl. Was könnte da noch an deinen Ideen und Prinzipien rütteln? An dem Lifestyle, den du für dich gewählt hast?

Vor ein paar Jahren war ich auch auf der Suche nach meinem Calling, meiner Berufung. Ich wusste, ich will nicht mehr zurück in ein Büro, will keine 45-Stunden-Wochen mehr für Menschen arbeiten, die mich und meine Leistung nicht wertschätzen und mich obendrein ausbeuten. Ich war kurz vor einem Burn-out und hatte die Nase voll. In der Zeit war ich viel auf Reisen und habe viele unglaubliche Persönlichkeiten kennengelernt.

Als ich mich für die Flüchtlingshilfe am Münchner Hauptbahnhof engagierte, habe ich einen Tag mit einem älteren Herrn verbracht. Wir unterhielten uns lange und wussten in kürzester Zeit sehr viel voneinander. So kam es, dass er mich abends fragte, was ich beruflich mache. Als ich ihm meine Situation erklärte, meinte er: »Alex, du musst mit Menschen arbeiten! Deine Geschichte, die du aufgearbeitet hast – das macht anderen Mut und inspiriert! Bitte überlege dir, psychotherapeutisch zu arbeiten.«

Darüber hatte ich noch nie nachgedacht. Ich ließ das erst einmal sacken und habe die Idee nicht weiter verfolgt. Irgendetwas im Universum wollte aber nicht davon ablassen, mit dem Zaunpfahl zu winken.

Drei Wochen später saß ich mittags auf dem Münchner Oktoberfest inmitten einer Gruppe Männer mittleren Alters. Darunter ein Face-Reader aus Deutschland, der in New York aufwuchs, nun allerdings in China lebt. Es war eine witzige Runde, wir hatten viel Spaß und tolle Gespräche. Irgendwann las der Face-Reader dann mein Gesicht, eher aus Zufall. Er wollte in seiner Freizeit nicht arbeiten, und ich war viel zu sehr mit Lachen beschäftigt. Mit seinem Reading traf er ins Schwarze, und sein letzter Satz war fast erschreckend: »Alex, du musst mit Menschen arbeiten! Aber nicht als Beraterin, sondern psychotherapeutisch.«

Okay, das war eindeutig. Ich wusste nun, was zu tun war. Vor allem, weil dieser Beruf mit all meinen Werten konform geht.

Ich denke aber, dass ein Calling nichts Statisches ist. Jede Zeit und jeder Lebensabschnitt hält andere Challenges für uns bereit, wonach sich ein Calling richten kann. Was vor ein paar Jahren war, war nicht »falsch«, sondern hat zu der jetzigen Situation geführt. Nimm deine Geschichte und deine Situation an. Akzeptiere aber auch, dass es manchmal Veränderungen braucht, damit du dich wieder wohlfühlen kannst. Alles ist in ständiger Bewegung. Es geht auch nichts »kaputt«, sondern verändert nur immer wieder seine Form.

Synchronizität

Du warst bestimmt schon einmal in folgender Situation: Du hast intensiv an eine Person gedacht, und sie hat dich kurz darauf angerufen?

Der Psychologe Carl Gustav Jung bezeichnete zeitlich korrelierende Ereignisse als Synchronizität, die nicht über eine Kausalbeziehung verknüpft sind, jedoch als miteinander verbunden wahrgenommen und aufeinander bezogen werden.

Es handelt sich um ein inneres (z. B. eine Vision oder Emotion) und ein äußeres Ereignis. Es gibt also eine Emotion in dir, einen inneren Umbruch, und zeitgleich passieren irgendwelche Dinge im Außen. Synchronizität besagt, dass die Dinge im Außen einen Symbolcharakter für deine innere Welt haben. Das ist in etwa so, wie wenn wir bestimmte Dinge träumen, die unsere Innenwelt oder eine Vorahnung spiegeln. Wir träumen z. B. von unseren Eltern, und am nächsten Tag erhalten wir einen Anruf von unserer Mutter oder der Vater wird plötzlich krank.

Wichtig ist hierbei, dass man nichts in Dinge hineininterpretiert. Synchronizitäten sind absolut eindeutig. Wenn du also eine Frage mit dir herumträgst, achte auf Zeichen. Du wirst sie zur rechten Zeit erkennen. Das ist der Moment, in dem sich dein Höheres Selbst mit der Welt verbindet. Meiner Meinung nach gibt es keinen Zufall, sondern nur Fügung.

Auch wenn mich einige als etwas verrückt bezeichnen mögen, in diesem Fall bin ich es gern.

Ein Buch, das ich dir zu diesem Thema ans Herz legen möchte, ist »Der Alchimist« von Paulo Coelho.

Nachwort

Durch tägliche Meditation, ein Leben nach deinen Werten und durch ständiges Loslassen von Dingen, die dir nicht guttun, öffnest du dich zunehmend und stärkst deine Intuition. Dir wird bewusst, dass alles in deinem Leben einen Sinn hat und dass du genau so gut bist, wie du bist. Alles darf einfach sein – jedes Gefühl hat seine Berechtigung. Im Vertrauen auf dein Bauchgefühl kann dein Leben fließen, und deine Vision wird sichtbar.

Es macht mir unglaublich viel Freude, Menschen auf ihrem Weg in ein zufriedenes und selbstbestimmtes Leben zu begleiten. Hierbei arbeite ich unter anderem mit Tools, die ich dir in diesem Buch vorgestellt habe. Die unglaublich kraftvollen Übungen lassen sich mit ein bisschen Routine immer leichter in den Alltag integrieren. Sie können dazu führen, dass du dich wieder mehr verbunden fühlst. Routinen werden zu Gewohnheiten, Gewohnheiten werden zu deinem Leben. Bewusster leben bedeutet, selbstbestimmt zu leben. Das ist deine Basis zum Glück.

Meine Intuition ist meine liebste Geheimwaffe …

Über die Autorin

Alexandra Christina Bauer lebt im Herzen ihrer Geburtsstadt München. Nach einigen Versuchen, einem bodenständigen Beruf entgegen ihrer Passion nachzugehen, hat sie ihre Leidenschaft zum Beruf gemacht – andere dabei zu begleiten, ein authentisches Leben in Einklang mit ihrer Intuition zu führen. Alexandra Christina Bauer arbeitet in ihrer Praxis für Psychotherapie und Coaching mit Klienten, die sich vor allem im Beruf und in ihren Beziehungen nach einem authentischen Leben sehnen. In ihrer Freizeit beschäftigt sie sich viel mit spirituellen Lehren und Praktiken.

www.serenity-therapy.com

BILDNACHWEIS